Huschke/Mangelsdorf · Wochenplan-Unterricht

Peter Huschke/Marei Mangelsdorf

Wochenplan-unterricht

Praktische Ansätze zu innerer Differenzierung,
zu selbständigem Lernen und zur
Mitgestaltung des Unterrichts durch die Schüler

4. Auflage

Beltz Verlag · Weinheim und Basel

Muß man das alles lesen?

Nicht unbedingt: Das vorliegende Material versteht sich als Arbeitsbuch. Das Inhaltsverzeichnis auf der nächsten Seite ist sehr ausführlich angelegt. Die mit ♦ gekennzeichneten Teile sind als Empfehlung für eine erste kurze Information gedacht. Das übrige können Sie lesen, wenn Sie der WP im Detail interessiert oder »bei Gelegenheit«.

Über die Autoren:
Peter Huschke, Jg. 1949, Studium der Erziehungswissenschaften und der Psychologie, Dr. phil., von 1971–1980 wissenschaftlicher Mitarbeiter im »Marburger Grundschulprojekt«
(Leitung: Prof. Dr. Wolfgang Klafki).
Marei Mangelsdorf, seit über 20 Jahren in der Grundschule tätig. Mitarbeit in der Lehrerfortbildung.

Die Deutsche Bibliothek – CIP-Einheitsaufnahme

Huschke, Peter:
Wochenplanunterricht : praktische Ansätze zu innerer
Differenzierung, zu selbständigem Lernen und zur
Mitgestaltung des Unterrichts durch die Schüler /
Peter Huschke ; Marei Mangelsdorf. – 4., unveränd. Aufl. –
Weinheim ; Basel : Beltz, 1993
   (Beltz-Praxis)
   ISBN 3–407–62119–1
NE: Mangelsdorf, Marei:

Lektorat: Peter E. Kalb

4., unveränderte Auflage 1993

© 1988 Beltz Verlag · Weinheim und Basel
Seriengestaltung des Umschlags: Atelier Warminski, Büdingen
Herstellung (Desktop Publishing): Klaus Kaltenberg
Druck und buchbinderische Verarbeitung: Druckhaus Beltz, 6944 Hemsbach
Printed in Germany

ISBN 3-407-62119-1

Inhaltsverzeichnis

C. Inhalt der WP-Aufgaben
Welche Aufgaben sind geeignet?

A. Einleitung

1. Entstehung des Wochenplan-Konzeptes (WP) im »Marburger Grundschulprojekt«

Das »Marburger Grundschulprojekt« wurde in den Jahren 1971 bis 1979 von einer erziehungswissenschaftlichen Forschungsgruppe an der Universität Marburg unter Leitung von Wolfgang Klafki in Zusammenarbeit mit Grundschullehrer(inne)n in verschiedenen Bezirken Hessens mit Mitteln der Stiftung Volkswagenwerk durchgeführt.

Beteiligte Lehrer und Schulen

Als Lehrer haben sich an Entwicklung und Erprobung des WP direkt beteiligt:

Anneliese Bonn, Heinz Edel, Christel Kleinschmidt und Horst Richter von der Gründauschule Langenselbold

Barbara Scheel von der Holzhausenschule Frankfurt

Sybille Lange, Erika Sülzer von der Grundschule Niederdorfelden

Gisela Kaldenbach von der Grundschule Bruchköbel

Marei Mangelsdorf, Brita Rödiger von der Grundschule Gilserberg

Ursula Flach, Ursula Henke, Heidrun Kunhenn von der Grundschule Neukirchen

Astrid Kaiser von der Grundschule Lohra

Von seiten des Forschungsprojekts waren beteiligt:

Klaus Engele († 1975) und Peter Huschke.

9

Die Forschungsergebnisse des Projekts sind in dem Band Klafki, W. u.a.: Schulnahe Curriculumentwicklung und Handlungsforschung, Beltz, Weinheim und Basel 1982 dokumentiert. Weitere Unterrichtseinheiten und schulpraktische Hilfen sind in der Reihe »Lehrerhilfen« bei betrifft erziehung und Beltz, Weinheim erschienen.

2. Bezug zur Geschichte und Gegenwart der Schulpädagogik

Die Begriffe »Selbsttätigkeit«, »Selbststeuerung«, »entdeckendes Lernen«, »Projektmethode«, »innere Differenzierung«, »Offener Unterricht« sind nicht erst in den letzten Jahren in der Schulpädagogik aufgetaucht. Spätestens mit der sog. Reformpädagogik der 20er Jahre unseres Jahrhunderts wurden sie Gegenstand theoretischer Erörterungen und praktischer Reformversuche. U. a. hat Peter Petersen mit seinem Jena-Plan jene Leitideen in seiner Jenaer Universitäts-Versuchsschule praktisch umgesetzt. Dabei wurden z. T. Methoden ähnlich denen des hier beschriebenen WP eingesetzt. Verwandte Entwicklungen hat es in den USA z.B. bei Helen Parkhurst mit ihren Dalton-Plan-Schulen gegeben. In Italien hat Maria Montessori zuerst in Kindergärten und dann auch in Schulen durch eine entsprechende Materialausstattung der Klassenzimmer selbsttätiges Lernen von Kindern anzuregen gewußt.

Nach 1945 kamen reformpädagogische Impulse speziell im Grundschulbereich vor allem aus England, etwa durch das Konzept des »Open Classroom«. In Frankreich entwickelte sich unter der Führung von Freinet eine Assoziation von Lehrern, die gemeinsam versuchen, Schule im Sinne der o.g. Ideen zu gestalten: Durch Individualisierung des Lehrens und Lernens und durch die Projektmethode lösen sie sich weitgehend vom Modell des frontalen Klassenunterrichts.

Schließlich begannen Ende der 60er Jahre in der Bundesrepublik erneut Initiativen zur Schulreform; eine der Versuchsschulen aus dieser Zeit arbeitet bis zum heutigen Tage, die Glocksee-Schule in Hannover.

Das »Marburger Grundschulprojekt« war in den 70ern angetreten, um einen Beitrag zur Reform der staatlichen Regelschule zu leisten.

In einigen Bundesländern fordern die derzeit gültigen Rahmenrichtlinien von den Lehrer(inne)n, den Unterricht im Sinne von »Selbsttätigkeit«, »innere Differenzierung« o. ä. zu gestalten. Das WP-Konzept soll dem Lehrer in der heutigen Schule ein pragmatisches und flexibel variierbares Hilfsmittel sein, um erste praktische Schritte in diese Richtung zu tun.

3. Kurzinformation: Was ist »Wochenplan« (WP)?

Wochenplan ist ein Konzept der Unterrichtsorganisation. Die Schüler erhalten zu Beginn eines bestimmten Zeitraumes (z.B. eine Woche) einen schriftlichen Plan, der Aufgaben verschiedenen Typs aus verschiedenen Inhaltsbereichen enthält; z.B.: »Lies im Lesebuch die Geschichte auf Seite 53 und beantworte die Fragen auf Arbeitsblatt Deutsch Nr. 2«.
In dafür vorgesehenen Unterrichtsstunden (z.B. eine Stunde täglich aber auch mehr oder weniger) erarbeiten die Schüler diesen Plan selbständig, allein oder in Gruppen bzw. nehmen Hilfe in Anspruch, soweit notwendig. Nach der Bearbeitung einzelner Aufgaben sollen diese selbst kontrolliert und auf dem Plan als erledigt eingetragen werden.

WP-Unterricht besteht gewissermaßen in einer Zusammenfassung und Ausweitung der sonst über die Woche verstreuten Kurzphasen von Still-, Partner- und Gruppenarbeit. Die Schüler sollen lernen, einen umfangreicheren Auftrag in eigener Regie zu bearbeiten. Beim einfachen Wochenplan haben die Kinder mehr Möglichkeiten als sonst, sich ihre Arbeit selbst einzuteilen; langfristig sollen Kinder angeregt und in die Lage versetzt werden, sich auch weitergehend an der Gestaltung des Unterrichts, auch der Inhalte, zu beteiligen.
Bestimmte WP-Formen können bereits im 1. Schuljahr durchgeführt werden.

4. Fragestellungen, unter denen WP für Lehrer interessant sein könnte. Ziele des WP

Die Veröffentlichung unserer Erfahrungen mit dem WP ist ein Vorschlag an Sie, nämlich: zu überprüfen, ob es für Sie und Ihre Klasse sinnvoll sein könnte, ebenfalls WP-Unterricht zu machen.
Die folgenden »Fragestellungen« und »vorläufigen Antworten« sollen Ihnen eine Hilfe sein, in einem ersten Schritt mögliche Vorteile des WP gegenüber anderen Formen der Unterrichtsorganisation zu erkennen.

4.1. Einfache Ansätze zu innerer Differenzierung

Fragestellung   *Die Kinder haben unterschiedliche Fähigkeiten und Arbeitsstile. Wenn ich immer verlange, daß alle Kinder dieselbe Aufgabe in der gleichen Weise und in der gleichen Zeit verstehen und bearbeiten sollen, dann hat das Nachteile für die Kinder: einige müssen warten, bis die anderen fertig sind; manche müssen ihre Arbeit abbrechen, bevor sie zu ei-*

nem sinnvollen Abschluß gekommen sind; den Rest als Hausaufgabe aufzugeben, ist ja eher eine Bestrafung als eine Hilfe. Ein paar Kinder müssen sich meine Erklärungen immer wieder anhören, obwohl sie längst die Aufgabe kapiert haben; andere bräuchten noch weitere Erklärungen und Hilfen, aber ich kann die anderen ja nicht so lange warten lassen.
Wie kann ich den Unterrichtsprozeß besser auf das abstimmen, was die Kinder jeweils wirklich brauchen?

Vorläufige Antwort

Beim WP ist es den Kindern möglich, sich die Zeit für die Bearbeitung einer Aufgabe zu nehmen, die sie dafür brauchen. Sie ist nur durch die relative Gesamtarbeitszeit begrenzt. Die Situation, daß einige Kinder warten müssen, bis andere fertig sind oder abbrechen müssen, kommt nicht so oft vor und ist für die Kinder weniger dramatisch.
Weil alle Kinder einen umfangreicheren Auftrag selbständig bearbeiten, ist es dem Lehrer eher möglich, die Kinder bei ihrer Arbeit genau zu beobachten und Hilfen dort zu geben, wo sie wirklich gebraucht werden. Die Kinder beanspruchen Hilfe (vom Lehrer, von Mitschülern, aus Arbeitsmaterialien), wo sie alleine nicht weiterkommen. Der Rhythmus von konzentrierter Anspannung und Entspannung kann von den Kindern bestimmt werden.

4.2. Kinder können sich an der Unterrichtsgestaltung beteiligen

Fragestellung

Als Lehrer bin ich unzufrieden damit, daß ich den Kindern fortwährend bis ins Einzelne vorgebe und sage, was sie, wie und wann sie etwas zu tun haben. Oft habe ich den Eindruck, daß Kinder nur deshalb mitarbeiten, weil ich ihnen als Lehrerautorität sage: »Das und das tust du jetzt« oder sie mit allerlei Tricks dazu überrede, etwas Bestimmtes zu tun.
Was kann ich tun, damit die Kinder mehr als bisher die Organisation ihres Lernprozesses mitbestimmen können, selber mehr Eigeninitiative entwickeln und lernen, ihre Fähigkeiten auch unabhängiger von meiner Anleitung bei der Bearbeitung von Aufgaben einzusetzen und weiterzuentwickeln?
Kann ich meinen Unterricht so gestalten, daß der Impuls zum Arbeiten mehr von den Kindern kommt?

Vorläufige Antwort

Auch beim WP erhalten die Kinder eine Vorgabe, es werden verbindliche Anforderungen an sie gestellt. Nur ist der Auftrag umfangreicher, die Kinder sollen lernen, diesen Auftrag in eigener Regie zu bearbeiten. Der Impuls zur Bearbeitung einer einzelnen Aufgabe soll von ihnen kommen. Die Reihenfolge der Bearbeitung und die Zeit, die sich die Kinder für eine Aufgabe nehmen, können in Grenzen von ihnen selbst bestimmt werden. Von den Kindern wird das meist als sehr befriedigend und motivierend erlebt.

WP-Unterricht kann vorsehen, daß Inhalte z. T. von den Kindern eingebracht werden und der Unterricht von den Kindern auch inhaltlich mitgeplant wird.

4.3. Kinder können ihre Arbeitsergebnisse selbst prüfen

Fragestellung *Immer wieder kommen Kinder mit ihren Arbeitsergebnissen zu mir gelaufen und fragen: »Ist das richtig?« Und sie warten auf anerkennende Bestätigung.*
Können die Kinder nicht z. T. auch selbst feststellen, wie gut sie gearbeitet haben, und so etwas unabhängiger von meiner lobenden Anerkennung werden?

Vorläufige Antwort Im WP-Unterricht ist vorgesehen, daß es zu den Aufgaben des Plans Kontrollmöglichkeiten gibt. An Kontrollblättern o. ä. können die Kinder selbst prüfen, ob sie Fehler gemacht haben.

4.4. Schritte zur Selbstorganisation von Lernprozessen

Fragestellung *Ich habe ja schon öfter versucht, anspruchsvollere Unterrichtsformen in meiner Klasse einzuführen. Aber die Kinder waren überfordert, z. B. einen umfangreicheren Gruppenauftrag selbständig auszuführen oder aus einem Angebot von Lernmöglichkeiten sinnvoll auszuwählen. Soweit ist meine Klasse noch nicht, um so etwas selbständig planen und durchführen zu können.*
Gibt es Möglichkeiten, Kinder schrittweise auf solche anspruchsvolleren Unterrichtsformen vorzubereiten?

Vorläufige Antwort Wenn Kinder Erfahrungen mit kurzen Phasen von Still-, Partner- und Gruppenarbeit gemacht haben, dann ist es meist ohne große Schwierigkeiten möglich, diese kurzen Phasen in Form eines WP zusammenzufassen und eventuell auszuweiten. Die Organisationsstruktur des WP ist so übersichtlich, daß Kinder relativ schnell damit arbeiten können.
Es gibt verschiedene organisatorische und inhaltliche Varianten des WP. Deshalb kann die WP-Struktur recht flexibel an die jeweiligen Fähigkeiten der Kinder zur Eigensteuerung angepaßt werden.

4.5. Hohe Reformansprüche – Schulalltag

Fragestellung

In der pädagogischen Diskussion der letzten Jahre sind immer wieder großartige Ziele für die Schule formuliert worden, oft als allgemein gehaltene Formeln, z. B.:

- *Selbst- und Mitbestimmung der Schüler im Unterricht,*
- *selbständiges Lernen,*
- *Kooperation,*
- *intrinsische Motivation,*
- *Unterricht an den Bedürfnissen und Interessen der Kinder orientieren.*

Trotz der Inflation von Zielformulierungen sind die Versuche zur praktischen Verwirklichung dieser Ziele im Unterricht eher selten geblieben. Diejenigen, die solche Ziele formulieren, scheinen wenig zu wissen über das, was alltäglich an Schulen im Unterricht passiert.

Vorläufige Antwort

Ziele wie die oben genannten können nicht »auf einen Schlag«, etwa durch Einführung eines Unterrichtskonzeptes erreicht werden. Ihnen näher zu kommen ist nur möglich in einem langfristigen Bemühen, wobei Schritt für Schritt mit den wachsenden Fähigkeiten der Beteiligten Teilziele in Angriff genommen werden. WP verstehen wir als einen kleinen, praktikablen Schritt in Richtung der genannten Ziele, als einen Anfang, von dem aus sich weiterarbeiten läßt.

4.6. Ist das nicht zuviel Aufwand

Fragestellung

»Wenn ich sehe, wie die einfachsten Voraussetzungen für eine gute Grundschularbeit sich nicht wesentlich verbessern oder gar noch verschlechtern (Klassenfrequenzen, fehlende Lehrer, gekürzte Stundentafel, Wegfall von Entlastungsstunden, Sachmitteletatkürzung, fortdauernde Diskriminierung der Grundschullehrer in der Besoldung u.a.), wie kann dann von mir verlangt werden, daß ich auch noch den Mehraufwand auf mich nehme, um konkrete Reformarbeit zu leisten?

Vorläufige Antwort

Es ist völlig richtig und verständlich, daß die gegenwärtigen materiellen Voraussetzungen für die Arbeit an der Schule, die Bereitschaft von Lehrern, sich für Veränderungen zu engagieren, nicht gerade fördern. Bezogen auf das Wochenplan-Konzept ist aber folgendes zu bedenken:

1. WP ist eine Zusammenfassung und Ausweitung der sonst über die Woche verteilten Kurzphasen von Still-, Partner- und Gruppenarbeit. Für die Unterrichtsplanung und -vorbereitung bedeutet das: Die Vorbereitungstätigkeit – inhaltliche Planung, Beschaffung bzw. Herstel-

lung und Zusammenstellung von Materialien– verlagert sich zum Ende der Vorwoche hin. Vorbereitungen während der Woche fallen weg oder sind reduziert.

2. Am Anfang der WP-Praxis wird der Aufwand an Zeit und Energie sicher etwas größer sein. Wenn die Anlaufschwierigkeiten überwunden sind und eine gewisse Routine sich ausgebildet hat, wird der Aufwand nicht wesentlich größer sein; und wenn er größer ist – vielleicht lohnt er sich wegen der Fortschritte in der pädagogischen Arbeit, die erreicht werden können.

3. Unterrichtsplanung und -auswertung wird sich meist auf einem qualitativ höheren Niveau vollziehen und kann effektiver (auch zeitsparend) sein, wenn Lehrer dabei kooperieren. Das arbeitsteilige Beschaffen bzw. Herstellen von Materialien ist dabei ein wesentlicher Aspekt.

B. Prinzipien und praktische Probleme der WP-Arbeit

WP ist ein Konzept der Unterrichtsorganisation. Die Struktur der Unterrichtsorganisation ist der äußere Rahmen, in dem sich Lehr- und Lerntätigkeiten von Lehrern und Schülern vollziehen. Bestimmte Bedingungen der Unterrichtsorganisation ermöglichen Lerntätigkeiten, können sie aber auch erschweren oder verhindern.

Im Kapitel B wird nun ausführlicher dargestellt
- wie die Unterrichtsorganisation beim WP aussieht,
- welche Handlungsmöglichkeiten für Lehrer und Schüler entstehen
- mit welchen Problemen insbesondere die Kinder beim WP konfrontiert sein können und
- welche Aufgaben des Lehrers sich daraus ergeben (WP macht den Lehrer nicht überflüssig!)

Übersicht zu Kapitel B

1. Formaler Aufbau und Aufgaben des schriftlichen Plans

Wenn man einen der Pläne im Anhang oder den auf der nächsten Seite betrachtet, stellt sich die Frage: Wie kommt man überhaupt zu einem solchen Plan? Überlegungen zur inhaltlichen Gestaltung des Plans folgen im Kapitel C.

Der schriftliche Plan, den jedes Kind zu Anfang eines bestimmten Zeitraumes erhält, hat im wesentlichen *zwei Aufgaben:*
- Durch den Plan teilt der Lehrer den Kindern mit, welche Arbeitsleistungen er von ihnen in einem größeren Zeitraum erwartet.
- Gleichzeitig soll der Plan den Kindern helfen, diesen Auftrag weitgehend in eigener Regie zu bearbeiten.

Aus diesen beiden Funktionen ergibt sich der formale Aufbau der Pläne: *Formaler Aufbau*

a) Formulierung der Aufgaben:

In den meisten Beispiel-Plänen gehören die Aufgaben zu verschiedenen Lernbereichen. Es hat auch Pläne mit Aufgaben aus nur einem Be-

reich gegeben. Die Aufgabenformulierung muß Angaben enthalten, die die Kinder brauchen, um das Arbeitsmaterial zu finden und im Sinne der Ziele zu bearbeiten. Die Anweisungen sollten möglichst klar und einfach formuliert sein. Manche Beispiel-Pläne enthalten eine Extra-Spalte für benötigtes Arbeitsmaterial und geben an, in welchem Buch, Heft oder auf welchem Blatt eine Aufgabe bearbeitet werden soll.
Im WP für ein 1. Schuljahr können Symbole eine wertvolle Hilfe sein (vgl. Abschnitt G und Beispielplan 10 im Anhang).

Besonders in der Anfangsphase der WP-Erprobung erspart das viele Rückfragen von seiten der Kinder (»Wie soll'n wa das machen?« »Soll'n wa das im Sachkundeheft machen?«)

b) Reihenfolge der Aufgaben:

Sofern zwischen verschiedenen Aufgaben kein enger sachlogischer Zusammenhang besteht, soll den Kindern die Reihenfolge der Aufgabenbearbeitung offenstehen. Aus der Gliederung des Plans muß hervorgehen, welche Aufgaben zusammenhängend bzw. nacheinander zu bearbeiten sind. Im allgemeinen erfahren Kinder es als entlastend, wenn sie sich auf eine Aufgabe »einstimmen«, den Zeitpunkt der Bearbeitung selbst wählen können und nicht unmittelbar auf Lehreranweisung »hier und jetzt« an eine Aufgabe gehen müssen.

c) Kontrollspalte:

Einige Pläne enthalten eine Spalte »kontrolliert«. Sie soll die Kinder auffordern und daran erinnern, daß sie ihr Arbeitsergebnis überprüfen sollen, anhand eines Kontrollblattes, durch Partner oder den Lehrer. Falls der Lehrer oder ein Arbeitspartner kontrollieren, unterschreiben diese in der Spalte. Vorher wird eine Aufgabe nicht als »fertig« betrachtet (vgl. zur Selbstkontrolle Abschnitt B.5).

d) Fertigspalte:

Hier tragen die Kinder das Datum des Tages ein, an dem sie eine Aufgabe abgeschlossen haben. Das Eintragen des jeweiligen Datums ist eine Handlung, in der sich das Fortschreiten in der Planbearbeitung widerspiegelt (»so, das habe ich ...«), gleichzeitig ist es eine Hilfe für die zeitliche Planung der Kinder: wieviel Zeit sie für welche Aufgabe gebraucht haben und in welcher Zeit wieviel noch zu bearbeiten ist. Au-

Name: _____ 2. Schuljahr

5. Wochenplan vom 15.3.76 – 20.3.76

		Material	kontrol-liert	fertig (Datum)
Rechnen	1.) Arbeitsblatt R 5	—	X	15.3.76
	2.) Fülle eine Rechenplatte aus	Heinevetters Rechentrainer	X	15.3.76
	3.) Laß dir von deinem Part-ner 5 Einmaleinsaufg. sagen	—	X	17.3.76
Deutsch	1.) Arbeitsblatt S 5	—	X	17.3.76
	2. Lies das Gedicht TP2 S.105 und lerne es auswendig.	—	X	17.3.76
Sachun-terricht	1.) Arbeitsblatt A 5	—	X	17.3.76
	2.) Suche im Lexikon das Wort "Deich". Merke dir was dort steht.	—	X	17.3.76
Spielen	Setze ein Puzzle zusammen.	—	X	18.3.76
Zusatz-aufgabe	Schreibe das Gedicht TP2 S.114 ab und schmücke das Blatt.	Din-A-4 Blatt	X	18.3.76

Montag	Mittwoch	Donnerstag	Samstag
15 März	17 März	18 März	20 März

18

ßerdem ermöglicht die Fertig-Spalte dem Lehrer einen schnellen Überblick über den Stand der Planbearbeitung, und die Kinder können sich untereinander darüber verständigen, bei welchen Aufgaben sie zusammenarbeiten können (»ich habe die Aufgabe X noch nicht und du...?«).

e) Zeitleiste und Zeitplanung:

In einigen Beispielplänen sind unten die Tage mit Datum aufgeführt, die für die WP-Arbeit vorgesehen sind. Nach dem WP-Unterricht eines Tages streichen die Kinder diesen Tag durch. In Verbindung mit der Fertigspalte soll dies den Kindern helfen, ihre Aufgabenbearbeitung *zeitlich zu planen.*

f) Zusatzaufgaben:

Wenn nicht anders gekennzeichnet sind alle Aufgaben eines Planes *verbindliche Pflichtaufgaben.* Sie sollen möglichst von allen Kindern bewältigt werden. Manche Beispielpläne enthalten *Zusatzaufgaben;* sie können freiwillig bearbeitet werden, wenn alle anderen Aufgaben erledigt sind. Hier deuten sich Varianten des WP-Konzepts an, auf die in Kapitel D genauer eingegangen wird.

g) Freie Tätigkeiten:

Die WP-Arbeit kann vorsehen, daß Kinder, die nicht die gesamte zur Verfügung stehende Zeit für die Aufgaben des Planes benötigen, einer selbstgewählten Tätigkeit nachgehen können, z.B. ein Buch aus der Klassenbibliothek lesen. Obwohl nicht in allen Beispielplänen vorgesehen, halten wir es für sinnvoll, wenn die Kinder ihre »freien Tätigkeiten« *selbst planen,* d.h. ihre Vorhaben in ein entsprechendes freies Feld oder auf der Rückseite ihres Planes eintragen. Zumindest sollten sie auf diese Weise berichten, was sie sonst noch getan haben. Dies ist ein erster Schritt zur Beteiligung der Kinder an der inhaltlichen Unterrichtsgestaltung (vgl. dazu Kapitel D).

2. Die Einführung des WP in der Klasse

Die Einführung des WP als Konzept der Unterrichtsarbeit sollten Sie genau vorüberlegen. Denn von dieser Einführung hängt es ab, ob die Kinder schon in den ersten Stunden relativ gut mit dem WP zurechtkommen. Hat die Einführung Mängel, werden die Kinder nicht sinnvoll mit dem WP arbeiten können; als Lehrer werden Sie ins »Rotieren« kommen, um die Folgen der unzureichenden Einführung aufzufangen: Die Kinder wissen nicht, wie sie was tun sollen. Sie versuchen, einzelnen noch einmal die Arbeitsweise zu erklären usw. Die Probleme häufen sich, Sie sind zunehmend enttäuscht, beginnen den WP als ungeeignet für ihre Klasse anzusehen und geben den Versuch auf.

Folgende *Aspekte* sollten in einer *Einführung* berücksichtigt werden:

2.1. *Klassengespräch zu den allgemeinen Zielen der WP-Arbeit*

In einem Klassengespräch sollte den Kindern klar werden, was WP ist, weshalb und mit welchen Zielen Sie als Lehrer den WP einführen wollen; die Kinder sollten Gelegenheit haben, ihr Interesse an dem gemeinsamen Vorhaben zu formulieren. Dabei sollte auch darauf eingegangen werden, wodurch sich der WP-Unterricht von anderen Unterrichtsformen unterscheidet. Bestimmte Merkmale des WP können eventuell auch aus einer kritischen Analyse der bisherigen Unterrichtsformen mit den Kindern entwickelt werden, etwa indem Sie Probleme und Fragestellungen aufwerfen, wie sie in Abschnitt A.3. (S. 9f.) enthalten sind.

Lesen Sie doch einmal diesen Abschnitt unter dem Gesichtspunkt eines einführenden Klassengesprächs.

2.2. *Vorbereitende Einführung von Teilelementen des WP*

Es kann für Sie und die Kinder hilfreich sein, vor Einführung des WP als ganzem, bestimmte seiner Teilmomente in der Klasse zu erproben.

Sie selbst und die Kinder können mit den Teilmomenten vertraut werden und lernen mit ihnen umzugehen, bevor sie alle zusammen im WP vorkommen. So können vielleicht unnötige Überforderungen und Verunsicherungen vermieden werden.

Teilelemente einer vorbereitenden Erprobung könnten etwa die folgenden sein:

1. *Genaues Lesen, Verstehen und Befolgen von Arbeitsanweisungen* spielt beim WP eine wichtige Rolle. Sie könnten überlegen, ob Sie bestimmte Arbeitsanweisungen zu Arbeitsmaterial, die bislang mündlich gegeben worden sind, schrittweise schriftlich geben und das Lesen von Arbeitsanweisungen üben.

2. Bestimmte *Phasen von Lernprozessen,* bei denen Sie bisher mit der ganzen Klasse gearbeitet und den Unterrichtsprozeß geleitet haben, lassen sich in die *»Regie der Kinder«* übertragen. Dafür eignen sich viele Übungsphasen zum Rechnen, Schreiben und Lesen; z.B. können die Kinder Kopfrechnen auch üben, indem sie sich gegenseitig Aufgaben stellen.

3. Man beauftragt die Kinder in Phasen von *Still-, Partner- und Gruppenarbeit* mit schrittweise anspruchsvolleren Aufgaben: Mehrere verschiedene Aufgaben in eine Phase aufnehmen; gezielte Hinweise zu Techniken bei Partner- und Gruppenarbeit geben (vgl. B.4) usw.

4. Sie führen *Selbstkontrolle* ein, erklären den Kindern den Sinn der Selbstkontrolle und zeigen ihnen konkrete Vorgehensweisen (vgl. B.5).

5. Danach kann man den WP als Erweiterung und Zusammenfassung dieser Teilmomente einführen (vgl. zu Vorstufen des WP auch Kapitel F).

2.3. Darstellung und Diskussion des ersten Plans und der Arbeitsweise

Sie haben den ersten WP mitgebracht und an die Kinder verteilt. Die Kinder lesen den Plan. Eventuell wird vorgelesen, damit gesichert ist, daß alles verstanden wird. Nach dem einführenden Gespräch zur Klärung der allgemeinen Ziele können die meisten Kinder Vermutungen darüber formulieren, was dieser Plan soll. Im folgenden Gespräch müssen den Kindern die wesentlichen Elemente der WP-Arbeitsweise klar werden. Art der Aufgaben, Reihenfolge, Zeiteinteilung, Material, Hilfen des Lehrers, Zusammenarbeit der Kinder, Selbstkontrolle, Fertigspalte, Zusatzaufgaben, freie Tätigkeiten. Vielleicht machen Sie sich für dieses Gespräch eine Checkliste, damit nichts vergessen wird. Der vorige Abschnitt ist dafür vielleicht eine Hilfe.

Geben Sie den Kindern ausreichend Gelegenheit, Verständnisfragen zu stellen!

Und schließlich sagt der Lehrer, die Einführung abschließend:

»So, ich glaube ihr wißt jetzt ungefähr, wie das mit dem WP gehen soll. Am Mittwoch machen wir eine kurze Zwischenbesprechung, am Freitag eine Abschlußbesprechung.«

2.4. Gespräche über WP während und nach den WP-Stunden

Man kann nicht davon ausgehen, daß nach dieser Einführung alle Kinder verstanden haben, wie mit dem WP gearbeitet wird. An den Fragen (»Was soll'n wer denn da jetzt machen?«) und am Verhalten einiger Kinder werden Sie das merken.

Es wird also erforderlich sein, die Kinder daraufhin zu beobachten, welche Elemente der WP-Arbeitsweise sie noch nicht beherrschen.

In dieser Einführungsphase können Sie zwei Dinge tun, um die »Anlaufschwierigkeiten« zu bewältigen:

a) Mit einzelnen Kindern oder Gruppen während der WP-Stunden bestimmte Schwierigkeiten besprechen. Wenn ein großer Teil der Kinder etwas nicht verstanden hat, unterbrechen Sie die WP-Arbeit der Kinder und klären das Problem mit der ganzen Klasse.
b) Nach einer WP-Stunde mit der Klasse ausgewählte Probleme besprechen.

3. Probleme der Kinder bei der WP-Arbeit – Aufgaben des Lehrers

Durch die WP-Arbeit sollen die Kinder unter anderem lernen, selbständig zu lernen, d.h. zeitweise auch unabhängig von unmittelbarer Anleitung durch den Lehrer.

Warnung vor einem Mißverständnis

Sie dürfen aber nicht davon ausgehen, daß alle Kinder mit der Einführung des WP dazu nun in der Lage wären; das wäre ein Mißverständnis, daß die Kinder und Sie selber in frustrierende Schwierigkeiten bringen würde.

Selbständiges Arbeiten muß schrittweise gelernt werden: einige Kin-

22

der brauchen zu Anfang Ihre Hilfe, die allerdings darauf gerichtet ist, diese Hilfe allmählich indirekter oder überflüssig zu machen. Der Anspruch eines WP an die Kinder, ihren Lernprozeß selbst zu organisieren, kann schrittweise gesteigert werden.

In den folgenden Abschnitten werden ausführlich die Schwierigkeiten dargestellt, mit denen Kinder bei der WP-Arbeit konfrontiert sein können, und es wird gezeigt, welche Aufgaben sich für den Lehrer daraus ergeben.

3.1. Kinder müssen Entscheidungen fällen: »Womit fang' ich an?«

Sie haben den neuen WP verteilt; die Kinder schreiben ihren Namen darauf und beginnen zu lesen, eventuell mit Ihrer Hilfe oder von anderen Kindern; sie versuchen, sich einen Überblick zu verschaffen. Die Kinder sind mit einem relativ umfangreichen Auftrag konfrontiert und müssen nun versuchen, diesen Auftrag für sich zu gliedern und Entscheidungen darüber zu fällen, wie und womit sie beginnen wollen. Durch die Wiedergabe der Äußerungen oder Gedanken von Kindern, die in dieser Situation auftreten können (in »...«), wollen wir Ihnen deutlich machen, daß diese Entscheidungssituation für die Kinder gar nicht so einfach ist und Ihr helfendes Eingreifen erfordern kann.

Gedanken/Aussagen eines Kindes	Kommentar
1. »Bin mal gespannt, was diesmal dabei ist. Hoffentlich wieder ein paar von den Geometrieaufgaben, in der letzten Woche gab's welche davon. Hat Spaß gemacht. Und bloß keine von diesen Schreibaufgaben!!«	Allgemeine Neugier und positive Erwartungen gegenüber bestimmten Inhalten einerseits, Befürchtungen andererseits. Diese sind vermutlich Ergebnis früherer Lernerfahrungen. Könnte es eine Schreibaufgabe geben, die seine Befürchtungen unberechtigt werden läßt?
2. »Arbeitsbogen ›Wetterbeobachtung‹, was ist denn das!? Das muß ich mir mal angucken. Zu Hause guck ich öfter auf's Thermometer. Ob das was damit zu tun hat? Aber wo ist dieser Bogen zu finden, Frau Blitz! Frau Blitz, wo ist'n ...?«	Neugier spezieller Art, die in Verbindung mit außerschulischen Tätigkeiten steht. Wunsch nach genauerer Information zur Abklärung des Interesses. Mangelnde Information darüber, wo Arbeitsmaterialien zu finden sind.

23

Gedanken/Aussagen eines Kindes	Kommentar

3. »Hoffentlich ist's diesmal nicht soviel wie letzte Woche. Da bin ich ja kaum fertig geworden, obwohl ich geschafft hab wie 'n Wilder. Besonders die Rechenaufgaben, da hab ich nicht durchgeblickt. Mit dem Roland könnt ich eigentlich Rechnen zusammen machen, der ist gut in Mathe. Roland, hast du gestern auch Kung Fu geguckt?«

Eventuell Überforderung durch die Menge der Aufgaben und den Schwierigkeitsgrad spezieller Aufgaben aus einem Inhaltsbereich. Dies hat sich anscheinend noch nicht negativ ausgewirkt. Eigenständiges Anknüpfen inhaltsbezogener Arbeitsbeziehungen, in die auch außerschulische Themen eingehen. Wie lange die beiden sich über Kung Fu austauschen werden, bevor sie an ihre Matheaufgaben gehen? Ob Roland in Mathe gut helfen kann?

---

4. »Tja, womit fang ich denn heute an. Ich würd ja unheimlich gern dieses Seefahrerbuch weiterlesen, das ich letzte Woche angefangen hab. Mit dem Plan müßt ich ja auch noch klar kommen, wenn ich morgen anfange.«

Eigene Interessen, freie Tätigkeit, Anforderungen des Plans und verfügbare Zeit müssen zueinander ins Verhältnis gesetzt werden. Ob seine »Kalkulationen« stimmen?

---

5. »So, ein Übungs-Diktat ist wieder dabei. Stinkt mir eigentlich. Aber ich mach das mal zuerst, dann kann ich mich auf die anderen Sachen freuen. Ob mir das jemand diktiert? Mit mir will ja nie jemand zusammenarbeiten. Nur der Erich, und der fehlt heute.«

Möglichkeit, sich auch auf weniger interessante Aufgaben »einzustimmen« und den Zeitpunkt der Bearbeitung selbst zu wählen. Isolation. Ob der Lehrer hilft, sie zu überwinden?

---

6. »Ich glaub, ich schaff das nicht. Das ist soviel und so schwer!? Und wenn ich das nicht schaffe oder viele Fehler mache ... was wird Frau X dazu sagen?? ... und wenn die das meiner Mutter erzählt! Die anderen können alles viel besser und schneller.
Ein Glück, daß mir Frau X. letzte Woche bei den Textaufgaben geholfen hat, sonst hätt' ich das nie geschafft. Ob sie sich auch diesmal um mich kümmert? Ob ich sie mal frage? Ne. Die hat was anderes zu tun ... Mist ... Mensch!!??

Angst vor Versagen. Mißerfolgsbefürchtungen und Hilflosigkeit. Furcht vor Tadel. Angewiesen sein auf Hilfe. Ob Hilfe kommt? Ob sie der Situation dieses Kindes angemessen ist?

Gedanken/Aussagen eines Kindes	Kommentar
7. »Herr X., muß ich mit der ersten Aufgabe anfangen?«	Unklarheit darüber, welche Entscheidungen selbst getroffen werden sollen.
8. »Was soll ich denn überhaupt machen? Da soll einer durchblicken!!«	Völlige Unklarheit über die Anforderungen. Orientierungslosigkeit.
9. »Ach, was juckt mich dieser ganze Kram. Ich mach, was ich will. Und schreiben oder rechnen tu ich nur, wenn Frau Y das unbedingt will, basta!«	Die WP-Situation wird abgelehnt. Es wird keine Eigeninitiative entwickelt. Dieser Schüler ist auf Anweisungen und Befehle orientiert bzw. angewiesen.

Diese Beispielsituationen sollten Ihnen verdeutlichen, wie unterschiedlich Kinder auf die Anfangssituation im WP reagieren können, wie unterschiedlich dieselbe objektive Situation sich darstellen kann.

Problem   Nicht in allen Fällen kann man die Schwierigkeiten der Kinder in dieser Situation an ihrem Verhalten direkt ablesen, wie: Fragen stellen, sich melden, nach dem Lehrer schauen, unruhig werden u.ä.

Nicht selten werden Kinder entweder

a) still sitzen bleiben und in ihrer Hilflosigkeit vor sich hinbrüten oder
b) »aus dem Felde gehen« und WP WP sein lassen .... So wird »störendes« Verhalten entstehen.

Folgerung: Als Lehrer müssen Sie die Kinder sehr genau auf kleine, unscheinbare Anzeichen von Schwierigkeiten *beobachten* (zusehen, zuhören), auf Kinder *zugehen, Fragen stellen,* die das Verständnis der WP-Arbeit überprüfen und klären, z.B.:

»Na, Jakob, wie sieht's aus? Hast du dir schon überlegt, was du zuerst machen willst?«

An der Reaktion von Jakob wird man erkennen können, wie weit er den WP verstanden hat.

In den beiden folgenden Abschnitten (3.1.1. und 3.1.2.) wollen wir zwei ausgewählte Problemarten der Anfangssituation ausführlicher behandeln:

1. Mißerfolgsmotivierte Kinder (dementsprechend die Beispiele 3 und 6 oben)
2. Kinder, die auf Anweisungen warten (Beispiele 8 und 9).

3.1.1. »Ich kann das nicht und mache alles falsch« – mißerfolgsmotivierte Kinder

Ihre besondere Aufmerksamkeit verdienen zum einen Kinder, die sich selbst wenig zutrauen, die von ihrer eigenen Leistungsfähigkeit wenig halten und schnell entmutigt sind, wenn ihnen etwas nicht gelingt. Für diese Kinder wird die Einführung des WP ein besonderes Problem sein:

»Ach du lieber Himmel, wie soll ich das alles schaffen!!?«
»Vor diesen Matheaufgaben hatte ich immer schon Schiß, und jetzt muß ich die auch noch allein machen. Da mach ich garantiert alles falsch!«

Diese Kinder sehen sich mit wesentlich umfangreicheren Anforderungen auf einmal konfrontiert als sonst; vorher wurde das vom Lehrer in kleinere »Portionen« eingeteilt. Die Anforderungen sind kaum zu überschauen, und ihre Bewältigung scheint ihnen kaum möglich, wo sie doch von ihren Fähigkeiten wenig halten. »Objektiv« mögen diese Fähigkeiten gar nicht gering sein. Aber für sie türmt sich gleichwohl der Wochenplan als ein bedrohlicher Anspruch vor ihnen auf. Oft fühlen sich diese Kinder gleichzeitig in hohem Maße verpflichtet, den schulischen Leistungsansprüchen nachzukommen. So geraten sie in einen sehr belastenden Konflikt:

»Ich muß und will eigentlich, aber ich kann nicht ...«

Im folgenden werden einige Möglichkeiten genannt, den Kindern das Bedrohliche des WP zu nehmen:

Machen Sie eine Planbesprechung mit dem Kind. Fragen Sie:

A. An Teilaufgaben orientieren

»Womit möchtest du denn mal anfangen? ... Mit diesen Mathematikaufgaben? Prima! Ich glaube, das kannst du schaffen. Wenn du nicht weiterkommst, ist das nicht weiter schlimm, frage dann ein anderes Kind, oder komme zu mir. Und wenn du fertig bist, dann sehen wir weiter.«

B. Gemeinsam einen Bearbeitungsweg finden

Ist der Weg zur erfolgreichen Bearbeitung einer Aufgabe nicht von vornherein sichtbar, dann kann es bei diesen Kindern zur Blockierung ihrer Fähigkeiten kommen. Dann ist es sinnvoll, die Strategie zur Lösung der Aufgabe ein Stück weit mit dem Kind zu erarbeiten, bis es allein weiterarbeiten kann und sich zutraut, zu einem erfolgreichen Abschluß zu kommen.

»*Wir lesen mal diese Arbeitsanweisung gemeinsam ... Ja. Gut. Hast du schon eine Idee, wie man da ran gehen müßte ... Ja. Stimmt. Erinnerst du dich daran, wie man ... macht ...*« *usw.*

C. Teilerfolge anerkennen. Auseinandersetzung mit Fehlern

Man kann mißerfolgsmotivierten Kindern helfen, indem man die Lösung von Teilaufgaben als Ausdruck der kindlichen Fähigkeit und Bemühung anerkennt, auch wenn es dabei Fehler gibt. Mißerfolgsmotivierte Kinder neigen dazu, ihre Erfolge zu übersehen und Fehler überzubewerten. Versuchen Sie, dem Kind Zuversicht zu vermitteln, daß es die weiteren Aufgaben erfolgreich lösen kann, Fehler keine Katastrophen sind, sondern zum Lernen dazugehören, und die Welt nicht untergeht, wenn man mit dem Plan nicht ganz fertig wird.

»*Du bist mit der Matheaufgabe schon fertig? Klasse! Hast du schon kontrolliert? ... Nein? Komm, wir machen das mal zusammen ... So, diese Aufgabe ist richtig ... und diese, nur diese beiden sind falsch, das macht gar nichts. Wenn du alles richtig könntest, müßtest du ja auch nicht in die Schule ... So, wir schauen uns diese Aufgabe noch mal an. Bis hierher war alles richtig. Bei diesem Schritt hier, denk mal daran, daß ...*«
Kind: »*Ah, ja! Jetzt weiß ichs!*«

D. Hilfe beanspruchen

Hilfe kann darin bestehen, das Kind darauf hinzuweisen, daß es sich von anderen Kindern oder dem Lehrer Hilfe holen kann und mit seinen Schwierigkeiten nicht alleine ist. Manche Kinder brüten oft über Aufgaben, die sie allein gar nicht lösen können.

E. Anspruch und Menge der Aufgaben

Die ersten Pläne sollten in ihren Minimalanforderungen inhaltlich so gestaltet werden, daß sie von allen Kindern relativ leicht bewältigt werden können. Überforderungen sollen vermieden und allen Erfolgserlebnisse ermöglicht werden. Erst wenn alle Zutrauen gewonnen haben, daß sie es schaffen, kann man die Pläne langsam schwieriger machen.

F. Verantwortung für Fehler

Schließlich helfen Sie diesen Kindern, indem Sie ihnen als Lehrer deutlich machen, daß auch ein Lehrer sich irren kann, Fehler macht und möglicherweise zuviel von den Kindern verlangt oder daß eine Aufgabe nicht gut geplant war. Auch als Lehrer müsse man lernen:

»Ich glaube, daß ich etwas falsch gemacht habe. Ich hätte euch vorher zeigen müssen, wie das geht mit den Geometrieaufgaben; das ist wirklich nicht eure Schuld, daß ihr damit nicht zurechtkommt.«

Mit allen diesen Maßnahmen werden dem Kind Interpretationen für Fehler und Schwierigkeiten beim Lernen vermittelt, die es davon entlasten, Versagen nur sich und seinen mangelnden Fähigkeiten anzulasten.

3.1.2. Kinder, die auf Anweisungen oder Befehle warten

Im WP-Konzept wird von den Kindern ein relativ hohes Maß an Eigeninitiative erwartet; es wird relativ wenig direkter Druck in Form von Arbeitsanweisungen des Lehrers auf sie ausgeübt; die Kinder müssen in der Lage sein, sich ausgehend vom Plan selbst Arbeitsanweisungen zu geben:
»So, jetzt mach ich das ...«,
anstatt Lehreranweisungen zu befolgen:
»So, jetzt macht ihr das ...«

Wahrscheinlich sind einige Ihrer Kinder durch das geforderte Maß an Eigeninitiative und Selbstverantwortung in einer relativ offenen Situation wie dem WP überfordert. Sie sind auf eine persönliche Lenkung, Steuerung und eventuell auch Druck durch den Lehrer vorläufig angewiesen:
»Wann sagt mir in diesem Saftladen endlich jemand, was ich machen soll! Wenn mir niemand sagt, was zu tun ist, na dann mach ich eben nichts!«

Wenig sinnvoll wäre es also, diese Kinder mit der für sie unklaren Situation allein zu lassen.

Soweit allgemeine, vom Einzelfall abstrahierende *Empfehlungen* möglich sind, wird folgendes sinnvoll sein (vorausgesetzt ist dabei, daß den Kindern die WP-Arbeitsweise im Prinzip klar ist):

A. Inhalt der Aufgabe

An erster Stelle in den Plan attraktive Aufgaben aufnehmen, die auch weniger leistungsmotivierte Kinder interessieren und auf die sie spontan »anspringen« und die ihnen so einen Start in den Plan ermöglichen (vgl. Kapitel C zum Inhalt von WP-Aufgaben).

B. Verbindlichkeit der Anforderungen verdeutlichen	Dem Kind nochmals deutlich vor Augen führen, daß es bestimmte Anforderungen zu erfüllen hat: *»Du weißt, daß du in den WP-Stunden mit den Aufgaben auf dem Plan fertig werden sollst. Komm, wir schauen sie uns noch mal an.«*

*B. Verbind-
lichkeit der
Anforderungen
verdeutlichen*

Dem Kind nochmals deutlich vor Augen führen, daß es bestimmte Anforderungen zu erfüllen hat:
»Du weißt, daß du in den WP-Stunden mit den Aufgaben auf dem Plan fertig werden sollst. Komm, wir schauen sie uns noch mal an.«

*C. Entscheidung
forcieren*

Das Problem mit dem Kind oder der Gruppe besprechen. Eine Entscheidung forcieren, mit einer Planaufgabe zu beginnen:
»Mit welcher Aufgabe möchtest Du anfangen ... Wann? ... Gut, zeige mir am Ende der Stunde, wie weit Du mit den Mathe-Aufgaben bist.«

*D.
Entscheidungs-
spielraum
einschränken,
Anweisungen
geben*

Eventuell Entscheidungsspielraum einschränken und konkrete Anweisungen geben, wenn offenere Orientierungshilfen nichts nutzen:
»Lars, es wird Zeit, daß Du Dich den Planaufgaben zuwendest; zeige mir bis zum Ende der Stunde Deine Arbeitsergebnisse bei der Deutschaufgabe vor.«

Es kann sinnvoll sein, in solchen Fällen den Plan zu zerschneiden und dem Kind die einzelnen Aufgaben zu geben.

E. Aufrütteln

Schülern, die lange in Zaudern und Lethargie verharren, kann ein freundlich-entschiedenes Wachrütteln auf die Sprünge helfen, ohne daß sie daran Schaden nehmen müßten:
»So, ihr Schlafmützen, genug geträumt und getrödelt, jetzt ist das Sachkunde-Experiment dran. Die Versuchsanleitung ...«
Manchmal wirkt auch eine kleine Einlage in rythmischer Gymnastik am offenen Fenster Wunder.

*F.
Selbständigkeit
bekräftigen*

Zunächst gilt: Jeden kleinen Schritt zu selbständigen Leistungen als Ausdruck der Eigeninitiative anerkennen und bekräftigen:
»Du bist bei der Geometrieaufgabe? Mh. Zeig mal ... Prima, Hans! Besonders diese Aufgabe hier hast du sehr geschickt gelöst.«
»Na, was ist bei der Kontrolle herausgekommen?«

*G. Schrittweiser
Abbau der
Lenkung*

Dann aber ist es notwendig, diese direktere Anleitung und Kontrolle durch den Lehrer schrittweise abzubauen, parallel zur Entwicklung von Selbststeuerungsfähigkeiten des Kindes.

*3.2. Arbeit der Kinder an den WP-Aufgaben – differenzierte Hilfen
des Lehrers*

Wenn die Aufgaben nicht zu schwierig und die erforderlichen Vorkenntnisse erworben sind, wird ein großer Teil der Kinder mit den Planaufgaben selbständig, eventuell mit Arbeitspartnern ohne Hilfe des

Lehrers ferti g werden. Ihre Aufmerksamkeit kann sich auf die Kinder konzentrieren, bei denen Sie inhaltliche Lernschwierigkeiten und eng damit zusammenhängende Motivierungsprobleme vermuten oder beobachten. Dies ist ein wesentlicher Aspekt *innerer Differenzierung,* der durch den Wochenplan ermöglicht wird. Die Kinder brauchen vom Lehrer nicht mehr gleich behandelt zu werden.

Differenzierung des Lehrerverhaltens ist dabei möglich, zum einen bezogen auf einzelne Kinder, zum anderen bezogen auf Gruppen von Kindern.

3.2.1. Hilfen des Lehrers bei einzelnen Kindern

Lernhilfen des Lehrers sollten und können sich beim WP an den Schwierigkeiten bei der Bearbeitung einer Aufgabe orientieren, die man jeweils beobachten kann. Im WP-Unterricht hat man als Lehrer relativ viel Zeit, den Kindern bei ihrer Arbeit genau zuzusehen und zuzuhören. Das ist eine Voraussetzung für eventuell notwendiges Eingreifen.

An vier Szenen aus dem WP-Unterricht einer Lehrerin soll verdeutlicht werden, wie unterschiedlich die Hilfen des Lehrers bei ein und derselben Aufgabe aussehen können. Es handelt sich um eine Textaufgabe:

»Wiesbaden ist ein bekanntes Heilbad. Von den 26 heißen Quellen liefert der Kochbrunnen (66°C) stündlich 200 hl Wasser, das zu Trink- und Badekuren verwendet wird.

Wieviel hl Wasser liefert der Kochbrunnen
   a) an einem Tag
   b) in einer Woche
   c) in einem Monat
   d) in einem Jahr?«
Ergänzung der Lehrerin:
»*Wenn du nicht weißt, wieviel ein hl ist, schlage im Rechenbuch S. 80 nach.*«

L (schaut dem Schüler zu, dann): »*Alles klar, Fritz?*«
Schüler: »*Mh.*« (arbeitet weiter)
L (ca. 5 Minuten später): »*Gut, Fritz!*«

Beispiel 1
kurze
Rückfrage

Hier genügt eine kurze Rückversicherung. Fritz kommt mit der Aufgabe auch ohne Lehrerhilfe klar. Die Lehrerin hat ihm allerdings signalisiert: »Ich bin an deinen Lernfortschritten interessiert.« Und Fritz wird dies als Unterstützung für seine Arbeit erfahren. Das knappe Lob nach erfolgreichem Abschluß der Aufgabe teilt ihm mit: »Siehst du, auch die Lehrerin merkt, daß du diese schwierige Aufgabe ohne Hilfe rausgekriegt hast.«

Beispiel 2
Gezielter
indirekter Hinweis

K:»*Frau X, soll' n wer da den ganzen Tag 24 oder 12 Stunden rechnen?*«

L:»*Überlege mal, was sind natürliche Quellen? Ist das was, was man aufdreht und wieder zu?*«

K:»*Ne. Man muß also den ganzen Tag rechnen.*«

L:»*Ja.*«

Hier hat ein Kind bereits eine ganz spezielle Frage gestellt. Schon daraus folgt einmal, daß seine Fähigkeit, eine Sachaufgabe zu analysieren, relativ weit entwickelt ist: es kann Teilprobleme isolieren. Das Kind braucht nicht pauschal zu sagen: »Ich kann das nicht.« Zum anderen zeigt sich daran ein wesentlicher Aspekt der Lernfähigkeit: wer genauer sagen kann, was ihm unklar ist, welche Informationen einem fehlen, wird besser weiterarbeiten können.

Die Lehrerin reagiert entsprechend: es wird nicht die ganze Aufgabe mit dem Kind analysiert; damit würde ja ignoriert, daß das Kind die Problemstellung schon ein Stück durchschaut hat; sondern es wird ein Hinweis gegeben, der dem Kind die Beantwortung seiner Frage ermöglichen soll.

Die Fähigkeit des Lehrers, vor seinen Belehrungen zu warten, bis ein Kind dargestellt hat, wieweit es mit der Analyse eines Problems gekommen ist, sehen wir als eine ganz wesentliche Voraussetzung effektiver und differenzierter Lehrerhilfen an.

Beispiel 3
Hervorheben
eines Aspekts

K:»*Frau X! Kommen Se doch mal bitte! Hier. Wie sollen wir das rechnen bei der 8. In einer Woche.*«

L:»*Steht doch alles da.*«

K:»*Ja, aber wie sollen wir das rechnen. Das sind die hier.*«

L:»*Guck mal, die 26 heißen Quellen, das ist einfach nur so, daß man einen Eindruck von dem Bad hat. Die werden gar nicht gebraucht. Ja? Sondern nur dieser eine Kochbrunnen. Der liefert stündlich 200 hl Wasser.*«

K:»*Ach 200 x... ach ja, jetzt hab ich's kapiert.*«

L:»*Mh!*«

Hier hat es zunächst den Anschein, als hätte das Kind von der Aufgabe gar nichts verstanden. Und wenn ein Kind sich so äußert, neigt man als Lehrer dazu, jetzt die Aufgabe von Anfang an mit dem Kind gründlich zu lesen und zu analysieren. Doch die Lehrerin geht in dieser Situation von einer anderen Voraussetzung aus. Sie weigert sich zu erklären, »wie man das rechnet«, sie traut dem Kind zu, das selber zu finden. Es muß nur ein spezifischer Aspekt der Problemstellung hervorgehoben werden, um Klarheit zu schaffen. Dies gelingt durch das Absehen von den nebensächlichen Angaben.

Die Diagnose der Lehrerin scheint richtig gewesen zu sein.

Anmerkung: Damit Kinder eine Sachaufgabe verstehen und die Problemstellung erkennen, genügt es häufig, die Kinder den Text genau vorlesen zu lassen.

K:»*Frau X!! ...*«
L:»*Steckst de fest?*«

Beispiel 4
Ausführliche
Analyse

K:»*Wir müssen doch 24 x 200 hl an einem Tag und dann eine*
Woche, ein Monat, in einem Jahr mal die Stunden. In einer Stunde
sind ja 200 hl.«
L:»*Ja!*«
K:»*Und mit einem Monat, da bin ... hab ich ... das sind 4 x 7, das*
sind 28 und 28 x 24, das wären 40 ... und ...«
L:»*Du Bärbel, für einen Monat rechnet man 30 Tage.*«
K:»*Ach so.*«
L:»*Manche Monate haben 30, manche 31 und einer 28 Tage. Dann*
nimmt man beim Rechnen so einen mittleren Wert. 30 Tage. Und
nun?«
K:»*... (überlegt)*
L:»*Du brauchst ja jetzt noch gar nicht zu sagen, wieviel hl ein Tag*
gibt, das mußt du ja erst ausrechnen. Also ein Tag hat x hl, und
dann hat ein Monat?«
K:»*x hl x 30.*«
L:»*Das wären dann die hl für einen Monat. Und mit wieviel Tagen*
rechnet man in einem Jahr?«
K:»*365.*«
L:»*Gut. Du weißt jetzt wie es geht?*«
K:»*Ja*«

Zunächst stellt auch dieses Kind dar, wieweit es die Aufgabe verstanden hat (übrigens ist dies auch von großer Bedeutung, wenn Kinder sich gegenseitig helfen, vgl. Abschnitt 4). Das Kind scheint dann mit den verschiedenen Zeiträumen nicht ganz klarzukommen, jedenfalls versucht es recht umständlich, die Stunden eines Monats zu ermitteln, um so zur monatlichen Förderleistung zukommen.

3.2.2. Bildung kurzfristiger, aufgabenbezogener Gruppen, die vom Lehrer betreut werden

Bei Ihren Beobachtungen in der Klasse stellen Sie fest, daß einige Kinder bei einer Aufgabe spezifische, vergleichbare Schwierigkeiten haben. Während der WP-Stunde können Sie diesen Kindern anbieten, sich mit Ihnen in einer Gruppe zusammenzusetzen, um gemeinsam diese Aufgabe zu bearbeiten:

L: (leise zu den Kindern) *»Sonja, Kurt und ... Beate und Helmut, ich habe gesehen, daß der Arbeitsbogen Deutsch für euch nicht verständlich ist. Setzen wir uns mal zusammen, ich möchte gern mit euch die Sache nochmal besprechen ...«*

Manchmal wird es sinnvoll sein, zu Beginn einer WP-Stunde anzukündigen, daß Sie als Lehrer mit interessierten Kindern eine bestimmte Aufgabe besprechen wollen. Machen Sie diese Ankündigung, bevor die Kinder sich überlegt und entschieden haben, was sie in dieser Stunde tun wollen. Gehen Sie auf einzelne Kinder zu, von denen Sie vermuten, daß sie auf diese Ankündigung hin der Gruppe sich nicht anschließen werden, obgleich es für sie vermutlich nützlich wäre.

4. Kinder helfen sich gegenseitig und arbeiten in Gruppen

Alle Lehrer, die bisher mit dem WP gearbeitet haben, waren erstaunt darüber, auf welchem Niveau und in welcher Intensität die Kinder im Rahmen des WP aufgabenbezogen zusammengearbeitet haben. Die Grundstruktur des WP ist als solche darauf eigentlich gar nicht angelegt: sie legt sogar die Möglichkeit nahe, daß die Kinder konkurrieren: »Wer ist zuerst mit seinem Plan fertig?« Die meisten Aufgaben der Beispiel-Wochenpläne sind individuell zu lösende, sie erfordern direkt keine Kooperation, schließen aber auch gegenseitige Hilfe nicht aus. Folgerung: Wie die Kinder nun am Plan arbeiten, ob konkurrierend gegeneinander oder kooperierend, hängt davon ab, wie der Lehrer den Kindern die Arbeit mit dem WP darstellt.

Schon bei der Einführung des WP sollte daher Zusammenarbeit und gegenseitige Hilfe als ein Element hervorgehoben werden:
»Manche Aufgaben sind gar nicht so einfach. Wenn ihr mal nicht weiterkommt, dann können euch andere Kinder vielleicht weiterhelfen. Damit die euch auch wirklich helfen und euch nicht einfach das Ergebnis sagen, müßt ihr ihnen zuerst sagen und zeigen, was ihr nicht verstanden habt ...«

Im folgenden sollen 4 *Formen der Kooperation* unterschieden werden. Dies soll Ihnen gleichzeitig Hinweise geben, wie Sie als Lehrer gezielt die Zusammenarbeit der Kinder fördern können:

Die Kinder sprechen sich ab, welche Aufgabe aus dem Plan sie bearbeiten wollen, und setzen sich an einen Tisch. Auch wenn es nun zu keiner weiteren Kooperation kommt, dann kann dieses Parallel-Lernen für Kinder eine fördernde Arbeitsbedingung sein. Sie wissen, daß sie jederzeit die anderen ansprechen können, wenn sie mal nicht weiterkommen. In kleinen Pausen kann man über die kommende Geburtstagsfete reden usw.

Parallel-Lernen

Der Lehrer hat hier die Aufgabe, Kinder, die isoliert sind, in Gruppen einzubeziehen:
»Schau mal Bernd, die drei da vorne haben gerade eben auch mit Mengenlehre angefangen. Komm, wir setzen uns mal zu denen ...«

Isolierte Kinder muß man vorsichtig in Gruppen einführen. Eine einfache Aufforderung genügt meist nicht.
»Zeig mal, was hast'n du raus?«

Parallel-Lernen mit Zwischenkontrolle

Das ist die typische Handlung bei Aufgaben, die aus kleineren Teilen bestehen. Diese wechselseitigen Kontrollhandlungen vermitteln fortwährend die Gewißheit, daß man auf dem richtigen Weg ist bzw. sie geben die Möglichkeit, Fehler sofort zu korrigieren.
Der Nachteil dabei ist, daß manchmal abgeschrieben wird, und zwar dann, wenn Kinder dazu neigen, ihr eigenes Resultat eher für falsch zu halten als das ihrer Partner. Den Kindern müßte man dann die Sinnhaftigkeit etwa folgender Aussagen vermitteln:
»Du hast da was anderes raus. Wie biste'n dazu gekommen?« ...
»Also ich hab mir überlegt ...«

So geht der Ergebnisvergleich in gezieltes Zusammenlernen über.

Häufig kommentieren Kinder die Aufgabenstellung und ihre Bearbeitungsschritte für sich oder bezogen auf andere:
»Guck mal das Bild da ....«
»Also, da muß man doch zuerst das machen und dann ...«

Verbalisieren von Bearbeitungsschritten

Die Verbalisierung der eigenen Denkschritte ist für das Lernen gerade von Grundschulkindern sehr wesentlich und wird vermutlich durch Partner, die an derselben Aufgabe arbeiten, stimuliert. Verbalisierung der Denkschritte bezogen auf Partner erlaubt es, sich unmittelbar über deren Richtigkeit mit anderen auszutauschen:

34

»Ne, ich glaub, man muß erst das machen ...«

Gezielt Hilfe suchen und geben Gezieltes Hilfesuchen, besteht meist darin (bzw. sollte darin bestehen), daß die Darstellung der eigenen Denkschritte bezogen auf einen Partner erfolgt und dieser direkt aufgefordert wird, sie zu überprüfen.

Die zu entwickelnde Fähigkeit des Hilfesuchenden besteht darin, den Stand seines Aufgabenverständnisses genau darstellen zu können und nicht einfach zu sagen:
»Ich kann das nicht. Wie geht das?«

Die Fähigkeit des Hilfegebenden besteht darin, den anderen zu veranlassen, seine Denkschritte darzustellen und dann durch Aufforderung, Hinweise und Fragen die Aufgabe zu klären, bis sie vom anderen selbst gelöst werden kann (Hilfe zur Selbsthilfe).

Häufig ist es sinnvoll, wenn der Lehrer einem Schüler oder einer Gruppe mit speziellen Schwierigkeiten einen Helfenden zuordnet. Z.B. hatten bei der Geschichte »Tojo und der Eselräuber« (vgl. Kapitel C.7) einige Kinder Mühe, den relativ langen Text zu lesen. Die Lehrerin faßte diese Kinder zu einer Gruppe zusammen und bat einen guten Leser, die Geschichte der Gruppe vorzulesen und die Fragen mit ihr zu diskutieren.

Tutoren-beziehungen Bei Tutorenbeziehungen wird einem Kind ein anderes für längere Zeit als Helfender zugeordnet.

Vorteile sind: Kinder mit vielen Lernschwierigkeiten brauchen sich nicht immer wieder neu Partner zu suchen, was sehr belastend sein kann. Zwischen dem Tutor und seinem »Zögling« können sich *mit der Zeit* sehr gute Formen der Zusammenarbeit entwickeln. Der leistungsfähigere Tutor lernt Verantwortung zu übernehmen nicht nur für seine eigene Qualifizierung, sondern auch für das Lernen von anderen. Bei seiner »Lehrtätigkeit« muß er sich die einzelnen Elemente der Aufgabe und die Schritte zu ihrer Lösung nochmals im Detail bewußt machen. Auch für ihn können sich also gegenstandsbezogene Lernfortschritte ergeben.
Nachteile bzw. Gefahren: Der »Zögling« wird in einer Position des »Doofen« festgeschrieben und ist diskriminiert, wenn der Tutor seine Überlegenheit penetrant darstellt und sich als Schulmeister aufspielt. Der schwächere Schüler kommt in Abhängigkeit, wenn der Tutor seine Lehrstrategie nicht auf »Hilfe zur Selbsthilfe« anlegen kann.

Bei der Auswahl eines Tutors muß man also sorgfältig sein und seine

Lehrfähigkeit prüfen bzw. fördern. Das einflußreichste Vorbild von Tutoren sind natürlich Sie selber.

Gerade bei Übung und Anwendung der sogenannten Kulturtechniken gibt es viele Möglichkeiten, Kooperation von Partnern effektvoll einzusetzen, z.B. beim Üben von Diktaten: einer diktiert, einer oder mehrere andere schreiben. Anschließend erfolgt gemeinsame Kontrolle. Oder bei Kopfrechenaufgaben: einer nennt oder zeigt eine Aufgabe. Der andere muß die Lösung finden. Oder Lesen: einer liest vor, andere hören zu und geben Hinweise für die Verbesserung des Lesens.

Arbeitsteilige Kooperation von Partnern

Bei dieser Art des Lernens müssen die Partner fähig sein, ein gemeinsames Lernziel zu bestimmen und dann abwechselnd bezogen darauf bestimmte Funktionen zu übernehmen.

Hier wird eine Aufgabenstellung vorgegeben, die sinnvoll nur von einer Gruppe bearbeitet werden kann. Häufig können Aufgabenstellungen, die von einzelnen Schülern bearbeitet werden sollen, für Gruppen umformuliert werden: z.B. zu den Fragen, die zu einer Geschichte beantwortet werden sollen, in der *Gruppe* eine Stellungnahme ausarbeiten und schriftlich festhalten.

Kleine Gruppenprojekte

5. Rückmeldung: »Wie gut ist mein Resultat?«

»So, die Aufgabe hab ich fertig. Jetzt bin ich mal gespannt ob ich sie richtig hab!«

Jeder, der engagiert und mit starker Motivation an einer Sache arbeitet, ist daran interessiert zu erfahren, ob das Resultat richtig ist, ob die Sache funktioniert und wie gut usw. Diese Information nennen wir kurz »Rückmeldung« oder »Kontrolle«.

Korrekte positive Rückmeldung führt zu einer unmittelbaren Bekräftigung und Festigung des gerade vollzogenen Lernschritts, ist also von großer Bedeutung für die Effektivität des Lernens und die Aufrechterhaltung der Lernmotivation.
Negative Rückmeldung (»an meinem Ergebnis stimmt etwas nicht«) kann direkt eine Wiederaufnahme der Problemlösungsbemühungen stimulieren, unter Umständen sogar ein starker neuer Anreiz sein (»wär doch gelacht, wenn ich nicht ...«).

Rückmeldung über die Qualität der eigenen Bemühungen können die Kinder im WP-Unterricht aus vier verschiedenen Quellen beziehen: aus der Aufgabe selbst und von Kontrollblättern o.ä., vom Lehrer und von Mitschülern.

5.1. Selbstkontrolle

Es gibt Aufgabentypen, bei denen »richtig« und »falsch« dem Lernenden unmittelbar evident sind, z.B. bei Puzzles, Konstruktionsaufgaben (Kran zum Heben einer 500 Gramm schweren Last), manche Suchaufgaben und Denkprobleme.

Für manche Rechenprobleme gibt es das Verfahren der Probe. Bei manchen didaktischen Materialien ist die Kontrollmöglichkeit mehr indirekt eingebaut, z.B. bei den LÜK-Materialien (vgl. Anhang). Bei vielen schulischen Lernschritten ist diese Art der Kontrolle jedoch nicht möglich, z.B. bei der Rechtschreibung. Dann empfiehlt es sich, im WP-Unterricht eine Überprüfungsmöglichkeit durch Kontrollblätter o.ä. zu geben. Dazu werden richtig bearbeitete Exemplare des jeweiligen Materials an einer bestimmten Stelle im Klassenzimmer ausgelegt. Manchmal ist es sinnvoll, dabei auf Zwischenschritte zum Resultat hinzuweisen.

Argumente für Selbstkontrolle Wir halten die Selbstkontrolle im Rahmen der Grundidee des WP für besonders wichtig.

a) Die Kinder können sich nach jeder Aufgabe *sofort* Rückmeldung holen und brauchen nicht zu warten, bis der Lehrer die Hefte einmal einsammelt.

b) Die Rückmeldungssituation ist sachlich; das Kind braucht nicht zu befürchten, von jemandem kritisiert zu werden. Es kann mit seinen Fehlern, wenn es will, allein bleiben und für sich Konsequenzen daraus ziehen; es muß aber nicht allein bleiben.

c) Rückmeldung über die eigene Leistung kann positive oder negative Gefühle bedingen, die einen »Bekräftigungswert« haben: Erfolgs- und Mißerfolgserlebnisse:
»Klasse, alles richtig!«
»Na ja, 2 Fehler bei 5 Aufgaben, da hast du nicht richtig aufgepaßt.«

Da andere Personen nicht direkt beteiligt sind, kann man von »*Selbstbekräftigungen*« sprechen, ein sehr wesentliches Moment der Fähigkeit zum selbständigen Lernen. Das Erkennen der eigenen Lernfortschritte und die Freude darüber und das Erkennen von Schwächen und Fehlern und der Ansporn, der daraus erwächst, können Teil der Lernmotivation werden.

Die richtige Durchführung der Selbstkontrolle kann man den Kindern vermitteln, indem Lehrer und Schüler sie an verschiedenen Beispielen gemeinsam durchführen: eine Teillösung auf dem Arbeitsblatt, im Heft, Buch o. ä. aussuchen, die entsprechende im Muster aufsuchen, Übereinstimmung bzw. Nichtübereinstimmung mit einem Zeichen vermerken und nicht das Resultat abschreiben; selber oder mit Hilfe von anderen die richtige Lösung finden, erneut überprüfen, bis alle richtigen Lösungen gefunden sind. In dieser idealen Form kommt Selbstkontrolle bei den Kindern allerdings nicht oft vor, es ist eine Zielperspektive. Besprechen Sie dieses Verfahren mit den Kindern so genau wie möglich; diskutieren Sie mit ihnen über für und wider des Abschreibens bei Nichtübereinstimmung. Besonders schwierig wird die Selbstkontrolle für die Kinder, wenn das richtige Ergebnis verschieden ausgedrückt werden kann, z.B. bei Textaufgaben. Hier erleichtern natürlich andere Lernprozesse die Selbstkontrolle, wenn die Kinder z.B. lernen, daß zwei Sätze unterschiedlicher Struktur inhaltlich genau dasselbe aussagen können; oder wenn die Kinder einsehen, daß bestimmte Aufgaben verschiedene richtige Lösungen haben können. Das Kontrollblatt sollte dann darauf verweisen.

Richtige Durchführung der Selbstkontrolle

Aufgaben, bei denen die Kinder Fehler in einer vorgegebenen Aufgabenbearbeitung suchen müssen, fördern wahrscheinlich auch die Fähigkeit, die eigene Bearbeitung von Aufgaben systematisch auf Fehler zu prüfen, z.B. inhaltliche oder formale Fehler in einem vorgegebenen Text zu finden.

Sie dürfen nicht davon ausgehen, daß nun – nachdem die Kinder wissen, wie man selbst kontrolliert – alle Kinder die Kontrolle so wie oben beschrieben auch durchführen.

Erfahrungen mit der Durchführung der Selbstkontrolle

Einige Kinder werden dazu in der Lage sein. Ihre Arbeitsmotivation ist bereits soweit entwickelt, daß sie ein unmittelbares Interesse an der Qualität ihrer Leistung haben und sich selber darum bemühen, diese zu verbessern, ohne auf fortwährende Hilfe und Anerkennung durch den Lehrer angewiesen zu sein.

Wenn Kinder zu Ihnen kommen und Ihnen ihre Arbeitsergebnisse vorzeigen, sollten Sie das nicht einfach ignorieren, sondern dem Kind Anerkennung für seine Bemühung zeigen *und* auf die Selbstkontrolle hinweisen.

1. Kinder kommen zum Lehrer

Langfristig sollte es so möglich sein, daß die Kinder vom Lehrerlob unabhängiger werden und ihre Arbeitsmotivation durch die Selbstkontrolle der Ergebnisse aufrecht erhalten wird.

38

Meist sind es nur wenige Kinder, die die Ergebnisse vom Kontrollblatt abschreiben, ohne sich vorher selber um eine Lösung bemüht zu haben. Einige schreiben das richtige Resultat ab, nachdem sie Fehler festgestellt haben. Das kann jeweils unterschiedliche Hintergründe haben:

Es kann sein, daß ein Kind drohendes Versagen unter allen Umständen abwenden will und sich selbst und dem Lehrer etwas vormacht, seinen Fehler als eine Katastrophe und nicht als eine Chance zum Lernen betrachtet (vgl. auch die Abschnitte 3.1.1. und 5.2. über mißerfolgsmotivierte Kinder).

In jeder Klasse gibt es Kinder, die Anforderungen und Anstrengungen gerne aus dem Weg gehen. Vielleicht wird diese Tatsache erstmals im WP-Unterricht offen zutage treten.

Es wird darauf ankommen, den Arbeitsprozeß dieser Kinder intensiv zu betreuen, um
– ihnen bei der Bearbeitung einzelner Aufgaben zu helfen,
– ihnen dabei bewußt zu machen, welche Lernfortschritte sie machen,
– ihnen so den Sinn des Lernens konkret zu vermitteln und
– damit ihr Interesse an der Qualität ihrer Arbeitsergebnisse zu entwikkeln.

5.2. Kontrolle der Arbeitsergebnisse durch den Lehrer

Schon oben wurde deutlich: Mit der Einrichtung von Möglichkeiten zur Selbstkontrolle sind Sie als Lehrer keineswegs völlig entlastet von Anleitungs- und Überprüfungsarbeiten.

Je nachdem, wie weit die Kinder in der Lage sind, ihre Fehler selbst zu erkennen und an ihnen weiterzuarbeiten und ob die Selbstkontrolle ihre Arbeitsmotivation erhält, muß der Lehrer mehr oder weniger direkt mit den Kindern und für sie die Kontrolle vollziehen und durch »Fremdbekräftigungen« ihre Lernmotivation stärken.

Gibt der Lehrer Rückmeldung, so kann er sie immer auch unter dem Aspekt *differenzierter* Lernhilfen geben:

Die Frage lautet dann: wie kann ich dieses Kind so mit seinen Fehlern konfrontieren, daß es selbst Schlußfolgerungen daraus ziehen kann, die weiterhelfen?

Je allgemeiner Rückmeldungen (z.B. »zwei Fehler in allen Aufgaben«)

gehalten sind, umso mehr eigene Überprüfungsarbeit wird vom Kind verlangt. In welchem Maße kann diese jeweils erwartet werden?

Mißerfolgsorientierte Kinder neigen dazu, Fehler zu dramatisieren, d.h. als Indikator für ihre vermeintlich generell schwachen Fähigkeiten zu werten. Zwei allgemeine Handlungsregeln sind sinnvoll:

Rückmeldung bei mißerfolgs- motivierten Kindern

a) Nicht nur und primär auf Fehler reagieren, sondern richtige Teile und Ansätze in der Aufgabenbearbeitung anerkennen und auf ihnen aufbauen.
b) Das Kind mit seinen Fehlern nicht allein lassen, sondern möglichst unmittelbar mit dem Kind daran arbeiten. Dann kann dem Kind auch klar werden: »Du bist nicht dumm, da kann man tatsächlich dahinterkommen.«

Fehler können dann als notwendiger Bestandteil eines Lernprozesses interpretiert werden und geben nicht nur Anlaß, an eigenen Fähigkeiten generell zu zweifeln.

5.3 Wie behalte ich den Überblick über den Stand in der Klasse?

Die systematische Diagnose von Schwierigkeiten der Kinder bei der Bearbeitung einzelner Aufgaben ist nicht nur erforderlich, um geeignete Rückmeldungen zu geben, sondern ebenso für die eigene weitere Unterrichtsplanung.

Beim WP arbeiten die Kinder selbständig an einer umfangreicheren Menge von Aufgaben. Zu einem Zeitpunkt sind verschiedene Kinder mit verschiedenen Aufgaben befaßt. Es fällt eine Menge von ganz oder teilweise bearbeiteten Materialien an. Wenn alle Kinder an einer Sache arbeiten, ist es einfacher, den Überblick zu behalten.

Informationen über den Stand der Planbearbeitung braucht man,
a) um rechtzeitig Schülern zu helfen, die bei bestimmten Aufgaben Schwierigkeiten haben;
b) um Schüler mit ähnlichen Schwierigkeiten in einer Gruppe zusammenfassen zu können und dieser Gruppe noch einmal Erläuterungen zu bestimmten Aufgaben geben zu können;
c) um abzusehen, ob einzelne Schüler mit dem Plan insgesamt nicht fertig werden, um dann geeignete Maßnahmen zu treffen (vgl. 6.1.).

Deshalb werden hier einige Möglichkeiten genannt, auf ökonomische Weise die Vielfalt der Informationen zu sammeln und zu ordnen:

1. Rundgänge durch die Klasse:
Weder sollten Sie bei der WP-Arbeit an ihrem Pult sitzen und aus der Ferne die Klasse beaufsichtigen, noch sich ganz und ausschließlich um einen kleinen Teil der Klasse kümmern, dem Sie helfen wollen. Bei Rundgängen sollten Sie sich ab und zu vergewissern, ob alle Kinder zurecht kommen.

2. Durchsicht der WP-Ordner
Es hat sich bewährt, die Kinder ihre Pläne und alle losen Arbeitsmaterialien in einem *Hefter* oder *Ordner* abheften zu lassen. Das ist für Kinder und Lehrer übersichtlich. Nach Ende der WP-Stunde werden die Hefter an einer Stelle abgelegt; eine Durchsicht der bearbeiteten Materialien ist schnell und ohne große Sucherei möglich. Dabei können sowohl der Stand im Plan als auch Fehler und Mängel bei einzelnen Aufgaben schnell erkannt werden.

Die über ein Schuljahr gesammelten WP-Schülerarbeiten sind eine solide Grundlage für Zeugnisbeurteilungen, neben Tests und Schülerbeobachtungen, die in einem Schülertagebuch festgehalten werden können.

6. Wenn Kinder mit dem Plan nicht fertig werden oder »schnuddeln«

6.1. Wenn Kinder mit dem Plan nicht fertig werden

Wahrscheinlich werden ein paar Kinder trotz aller Hilfen, Anregungen und eventuell auch Druck von Lehrerseite mit dem Plan in der vorgesehenen Zeit nicht ganz fertig werden.

Das kann die verschiedensten Gründe haben, und Sie sollten versuchen, durch gezielte Beobachtungen und Gespräche mit dem Kind herauszufinden, welche Gründe im konkreten Fall gegeben sind. Sagen Sie nicht einfach:
»Der ist faul, der will einfach nicht.«

Es würde Ihnen dann nichts anderes übrig bleiben als Appelle und Ermahnungen auszusprechen.

Als *allgemeine Richtlinie* gilt: *Je früher* im Verlauf einer WP-Bearbeitung Sie feststellen, daß ein paar Kinder nicht fertig werden, umso besser. Sie können dann mit diesen Kindern Konsequenzen überlegen, die noch in diesem Plan realisiert werden können, und das Ganze hat sich noch nicht zu einem schwierigen Problem ausgewachsen.

Wir wollen hier zwei Gruppen von Gründen ausführlicher besprechen, die in der Praxis häufig zusammen wirksam sind und dazu führen, daß Kinder nicht fertig werden: zum einen verschiedene Arten von Überforderungen, zum anderen ein spezielles Motivierungsproblem.

Gründe für nicht fertig werden

Überforderung kann beim WP zweierlei bedeuten: Einmal kann die Struktur des WP für einige Kinder insgesamt zu unübersichtlich sein. In den Abschnitten »Mißerfolgsmotivierte Kinder« (3.1.1.) und »Kinder, die auf Anweisungen warten« (3.1.2.) haben wir dieses Problem behandelt. Es geht dann darum, für die Kinder diese Struktur übersichtlich zu machen und ihnen zu helfen, mit ihr umzugehen, insbesondere ihre Zeit sinnvoll einzuteilen.

Überforderung 1

Teilaufgaben des WP können *inhaltlich* für manche Kinder zu *schwierig* sein. Dabei ist zu bedenken, daß Sie im WP-Unterricht viel Gelegenheit haben, mit bestimmten Kindern intensiv an bestimmten Aufgaben zu arbeiten. Eine Aufgabe selbständig zu bearbeiten ist schwieriger und erfordert mehr Zeit, als dieselbe Aufgabe mit Hilfe und unter Anleitung des Lehrers zu bearbeiten. Falls auch dies nicht ausreicht, eine Aufgabe für die Kinder bearbeitungsfähig zu machen, haben Sie einen Planungsfehler gemacht.

Überforderung 2

Als Lösungen des Problems bieten sich hier an:
1. Aufgabe »erlassen« mit Begründung.
2. Eine andere Aufgabe stellen, die sinnvoll bearbeitet werden kann.
3. Notwendige Informationen geben (vgl. Abschnitt 3.2.).

Überforderung kann aber auch darin begründet liegen, daß *zuviele Aufgaben,* die als einzelne nicht zu schwierig sind, in einer begrenzten Zeit bearbeitet werden sollen.

Überforderung 3

Für dieses Überforderungsproblem gibt es verschiedene Lösungsmöglichkeiten:
a) Dem Kind *Teile des Plans »erlassen«;* das ist insbesondere dann angebracht, wenn die Bearbeitung der entsprechenden Aufgaben für Ihre didaktische Planung nicht unbedingt erforderlich ist.
b) Zusätzliche Arbeitszeit:
Wenn Sie einmal eine Freistunde haben und verschiedene Stillarbeiten erledigen wollen (z.B. Korrigieren), können Sie das evtl. auch in Ihrem Klassenzimmer machen und einigen Kindern anbieten, in dieser Zeit an Ihrem WP weiterzuarbeiten. Wenn Sie in einer anderen Klasse unterrichten, ist es vielleicht gelegentlich möglich, ein paar Kinder aus der WP-Klasse mitzubetreuen. Vielleicht können auch Förderstunden mit der WP-Arbeit verknüpft werden.

Es hat sich nicht bewährt, unerledigte WP-Aufgaben als Hausaufgaben mitzugeben. Häufig wird dann nicht mehr selbständig an den Aufgaben gearbeitet. Manche Kinder empfinden das als Bestrafung; bei anderen entsteht die Neigung, in der Schule den Planaufgaben auszuweichen.

6.2. Wenn Kinder »schnuddeln«, weniger sorgfältig arbeiten und mehr Fehler machen

Es ist häufiger vorgekommen, daß Kinder zwar vom WP insgesamt begeistert waren, aber ihre WP-Aufgaben weniger sorgfältig bearbeiteten als ähnliche Aufgaben in anderem Unterricht, mehr Fehler machten, weniger sorgfältig schrieben o.ä.

Es wäre ungerechtfertigt, dies als Mißerfolg des Versuchs zu interpretieren, aus 2 Gründen:
1. Die Bearbeitung einer Aufgabe ohne unmittelbare Hilfe, Anleitung und Kontrolle durch den Lehrer ist schwierig und anspruchsvoll. Die Kinder müssen selbständig Fähigkeiten und Fertigkeiten den Aufgaben gemäß einsetzen und Denkschritte vollziehen, die ihnen sonst eher »vorexerziert« wurden. Selbstverständlich muß dieses selbständige Arbeiten gelernt werden, es kann nicht einfach vorausgesetzt werden. D.h.: Bei ein und derselben Aufgabe werden verschiedene Leistungen erbracht, wenn sie unter verschiedenen Bedingungen bearbeitet wird. Dies sollten Sie beim Vergleich der Qualität der Arbeitsergebnisse aus WP- Unterricht und anderem Unterricht bedenken.
2. Wenn Kinder bei einer Aufgabe »schnuddeln«, »husch-husch« machen, um die Aufgabe möglichst schnell hinter sich zu bringen, dann werden sie Gründe dafür haben. In irgendeiner Weise werden sie es als lohnend ansehen, mit dem Plan *möglichst schnell* fertig zu werden. Das kann daran liegen, wie Sie als Lehrer den Kindern den Plan darstellen: z.B. dann, wenn Sie »Fertig-werden« durch Worte und Taten gegenüber den Kindern als das Wichtigste darstellen, etwa wenn Sie den Schnellsten vor allen anderen loben und als Vorbild hinstellen; oder wenn Sie ein Kind dafür tadeln, daß es nicht fertig geworden ist, aber seine sorgfältige Arbeit nicht anerkennen; oder wenn Sie für Nicht-fertig-Werden »Strafen« androhen: den Rest als Hausaufgabe fordern oder »nachsitzen« lassen.
»Schnuddeln« kann auch zustande kommen, wenn die Kinder die »freien Tätigkeiten« (Spielen) als Lohn für die Mühen der Planbearbeitung verstehen. Darauf wird in Abschnitt D.1. über freie Tätigkeiten genauer eingegangen.

7. Begleitende Gespräche und Abschlußdiskussion

7.1. Begleitende kurze Gespräche zum WP

Begleitende kurze Gespräche vor oder nach den WP-Stunden können verschiedenen Zwecken dienen:

Wenn Sie feststellen, daß viele Kinder mit einer Aufgabe nicht zu Rande kommen, dann sollten Sie diese Kinder zu einer Gruppe zusammenfassen und die Aufgabe mit ihnen besprechen; andernfalls sind sie einen großen Teil der WP-Zeit damit befaßt, den einzelnen Kindern nacheinander auf die Sprünge zu helfen.

Andere Probleme, die im Verlauf einer WP-Woche auftreten, sollten in kurzen Klassengesprächen vor oder nach den WP-Stunden klärend aufgegriffen werden, um eine Eskalation von Störfaktoren zu vermeiden.

7.2. Abschließende Diskussion am Ende der Woche

Wenn die Anforderungen an die Kinder nicht zu hoch waren, die verschiedenen Unterstützungsmaßnahmen dort, wo sie notwendig waren, eingesetzt wurden, dann sollten gegen Ende der vorgesehenen Zeit die allermeisten Kinder mit dem Plan fertig sein.

Jedes Kind wird für sich und eventuell mit seinen Arbeitspartnern eine Art Abschlußbewertung durchführen. Häufig wird sie in einem einfachen: »geschafft! Ich bin fertig!« bestehen. Mit einzelnen Schülern oder Gruppen können Sie eine ausführlichere Abschlußbewertung machen; Gesichtspunkte dafür enthält da folgender Abschnitt.

7.2.1. Ziele und Sinn von Abschlußdiskussionen

Im wesentlichen sind es zwei miteinander zusammenhängende Ziele, die wir mit Abschlußbesprechungen über den Wochenplan verbinden:

1. Diagnostische Funktion

Wenn Kinder Gelegenheit haben, ihre Probleme mit dem WP offen darzustellen, erhält der Lehrer wichtige Informationen, die für seine weitere Planung sehr hilfreich sein können.

2. Weitergehende Beteiligung der Kinder

Versteht man WP als ein Unterrichtsmodell im Sinne der Ziele »Selbstorganisation des Lernens« und »Mitbestimmung im Unterricht«, dann wäre es nicht gut, den Kindern diesen Unterricht einfach vorzusetzen, ohne daß sie Gelegenheit hätten zu äußern, was ihnen daran gefällt und was nicht und welche Veränderungen sie einführen würden. Die Kinder würden den WP-Unterricht als etwas ansehen, das allein in der Hand des Lehrers ist; Verantwortung für den Unterricht und sein Gelingen könnte sich kaum entwickeln, die Motivation für die WP-Arbeit (zu Anfang ist sie meist recht hoch) würde allmählich abnehmen und sich nicht weiterentwickeln. Die vielen Schwierigkeiten, die auch beim WP-Unterricht nicht ausbleiben, werden wahrscheinlich weniger belastend und zermürbend, wenn sie von allen Beteiligten als ihre gemeinsam zu lösende Aufgabe betrachtet werden.

7.2.2. Vorbereitung des Klassengesprächs über WP

Sie dürfen nicht damit rechnen, daß ein solches Gespräch auf Anhieb gut klappt, die Kinder differenziert über ihre Erfahrungen und Schwierigkeiten Auskunft geben und sofort konstruktive Vorschläge machen können. Auch deswegen ist es erforderlich, dieses Gespräch während der ganzen Woche vorzubereiten; diese Vorbereitungen werden das Gespräch gehaltvoller machen und den Kindern und Ihnen als Lehrer genauere inhaltliche Stellungnahmen ermöglichen.

Im folgenden werden einige Möglichkeiten der Vorbereitung genannt, die nicht alle auf einmal verwendet werden müssen; z.T. eignen sich diese Informationen auch für eine Abschlußbewertung mit einzelnen Kindern oder für kurze begleitende Klassengespräche.
a) Die Kinder schätzen ein, wieviel *Spaß* ihnen die einzelnen Aufgaben gemacht haben und von welchen sie sich mehr wünschen.
b) Ein *Fragebogen* zu verschiedenen Aspekten des Unterrichts wird ausgefüllt.
c) Es wird eine WP-Aufgabe z.B. folgender Art gestellt:
    »Wir brauchen Regeln für das Verhalten während der WP-Stunden. Überlegt euch, welches Verhalten ihr richtig findet und wie man sich eurer Meinung nach nicht verhalten darf. Schreibt eure Gedanken dazu auf. Wir machen dann in der nächsten Woche gemeinsam Regeln daraus. Sprecht auch mit den anderen darüber.«
Ein Kind schrieb das, was auf der nächsten Seite abgedruckt ist.

7.2.3. Beispiele von Themen von Klassengesprächen

Diese Einschätzungen und Informationen können Sie zusammenfassen und als Aspekte in die Diskussion der Klasse einbringen; einige werden sehr wahrscheinlich auch von den Kindern angesprochen:

Regeln für das Verhalten während der Wochenplanstunde

1. „Wir müssen uns so verhalten, daß diejenigen, die am Plan arbeiten, nicht gestört werden.
Also: nicht laut sprechen und singen, nicht trampeln, hüpfen und rennen, nicht raufen und streiten.

2. „Wir müssen die Gedanken und Meinungen des andern anerkennen

3. Wir können unsere Probleme und Arbeiten miteinander besprechen und uns gegenseitig helfen.

Meistens haben Kinder an solchen Gesprächen mit großem Interesse teilgenommen; es betrifft sie und das, was mit ihnen geschieht, unmittelbar. Entscheidend ist: Je mehr den Kindern der Unterricht durchschaubar wird (warum? wozu? was? wie?) und ihre Vorschläge konstruktiv werden und auch praktische Konsequenzen haben, umso mehr werden sie sich auch für den Unterricht und ihren Lernprozeß verantwortlich fühlen und engagieren. Nicht zuletzt ist das eine Entlastung für den Lehrer; er ist nicht länger für alles allein zuständig. Weil Lehrer aber oft meinen, für alles allein verantwortlich sein zu müssen, gehen viele Lehrer erschöpft und abgekämpft aus der Schule nach Hause.

Zitat	Kommentar

Lehrer: »*Einige Kinder haben sich beschwert, daß es oft zu laut ist. Sie fühlen sich bei der Arbeit gestört. Woher kommt eigentlich der meiste Lärm? Was können wir dagegen tun?*«

Gemeinsame Regelungen für Probleme der äußeren Arbeitsbedingungen finden.

»*Als ich den WP gemacht habe, glaubte ich, ihr könntet alle Aufgaben fertig kriegen. Ihr habt es auch fast alle geschafft. War es vielleicht trotzdem ein bißchen viel? Oder wolltet ihr noch mehr machen?*«

Einschätzung des Anspruchsniveaus des Plans und Verständigung darüber.

»*Ein paar Kinder haben angegeben, daß ihnen die Deutschaufgabe keinen Spaß gemacht hat. Manche meinen auch, sie war sehr schwer. Kann jemand etwas dazu sagen?*«

Was macht Aufgaben interessant oder langweilig, schwierig oder leicht?

»*Was könnten wir unternehmen, damit keiner von euch im nächsten Diktat, das wird ungefähr 70 Wörter haben, mehr als 10 Fehler macht?*«

Verantwortung der Klasse für den Lernfortschritt aller fördern. Schüler anregen, sich Verfahren gegenseitiger Hilfe zu überlegen.

»*Ich könnte mir denken, daß es für euch manchmal gar nicht leicht ist, zu entscheiden, ob ihr am Plan arbeitet oder etwas anderes macht ...*«

Wie werden schwierige Entscheidungen von Kindern bewältigt; kommen sie damit zurande?

»*Ich habe beobachtet: Nach dem WP-Unterricht ist es im Klassenzimmer unordentlicher als sonst. Ich möchte, daß wir das gemeinsam ändern.*«

Schüler übernehmen Mitverantwortung für Ordnung in ihrem Klassenzimmer.

C. Inhalt der WP-Aufgaben – Welche Aufgaben sind geeignet?

Darüber in gebotener Kürze etwas Sinnvolles zu sagen ist schwierig. Denn dieses Problem ist nur im Rahmen der Entwicklung eines Grundschul-Curriculums zu klären. Allgemein läßt sich feststellen: Weiterreichende Zielvorstellungen des WP, die in Richtung Selbständigkeit der Kinder im Unterricht und in Bezug auf ihre Umwelt insgesamt gehen, werden ohne überlegte inhaltliche Zielsetzungen der WP-Aufgaben nicht zu erreichen sein. Was wir hier zur Frage der WP-Inhalte sagen können, ist bescheiden: Wir werden einige allgemeine Planungsprobleme und relativ formale Kriterien für WP-Aufgaben darstellen (Abschnitt C.1.) und anschließend Aufgaben aus den bisher von Lehrern entwickelten Plänen beispielhaft dokumentieren (abdrucken), um daran auch einige inhaltliche Kriterien für »gute« WP-Aufgaben zu verdeutlichen (Abschnitte C.2–C.5).

Aus den Beispielplänen ist zu sehen, daß bisher vorwiegend Pläne mit Aufgaben aus *verschiedenen* Lernbereichen entwickelt wurden. Allerdings kann es phasenweise auch erforderlich sein, einen WP mit Aufgaben aus *einem* Arbeitsbereich zu planen (vgl. Beispielplan Mathematik unten und Beispielplan 9 im Anhang).

1. Allgemeine Merkmale von WP-Aufgaben

1.1. Was verlangt eine WP-Aufgabe?

Wird eine Aufgabe im WP gestellt, dann wird von den Kindern mehr verlangt als im »normalen« Unterricht mit mehr direkter Lehreranleitung.

Der Bearbeitung einer WP-Aufgabe gehen unmittelbar keine einführenden und erläuternden Hinweise des Lehrers voraus; auch entsprechende mündliche Arbeitsanweisungen bleiben zunächst aus. Arbeitsanweisungen werden schriftlich gegeben bzw. müssen als erster Schritt der Bearbeitung von den Kindern selbst gefunden werden.

48

D.h.: Die Bearbeitung einer WP-Aufgabe verlangt deutlich mehr, bestimmte Fertigkeiten und Kenntnisse *selbständig*, ohne *unmittelbare* Lehreranleitung einsetzen zu können und sich jeweils erforderliche Hilfe selbst zu holen.

WP-Aufgaben sind also immer auch ein Testfall dafür, ob das, was die Kinder gelernt haben, wirklich *ihre* Fähigkeiten geworden sind.

Für jede einzelne WP-Aufgabe muß geprüft werden, inwieweit bei den meisten Kindern die Voraussetzungen an Kenntnissen, Fertigkeiten gegeben sind, die für eine erfolgreiche Bearbeitung erforderlich sind. Insbesondere die ersten WP sollten *allen* Kindern Erfolgserlebnisse ermöglichen.

1.2 Übung – Anwendung – Selbständige Problembearbeitung

WP-Aufgaben kann man danach unterscheiden, ob und inwieweit der *vorangegangene* Unterricht den Kindern im einzelnen die Kenntnisse und Fertigkeiten vermittelt hat, die zur Bearbeitung dieser Aufgaben erforderlich sind. Anders gesagt: Der Anspruch an Kinder, selber im Rahmen des WP neue Informationen für die Aufgabenbearbeitung zu verarbeiten, kann differieren.

A. Einfache Übung

Einfache Übung ist Wiederholung und Anwendung von Kenntnissen über Regeln, Begriffe, Zeichen oder Fertigkeiten, wie sie vorher außerhalb des WP vom Lehrer eingeführt worden sind. Dazu gehören z.B. Rechenregeln oder grammatische Kategorien, die vorher vom Lehrer eingeführt wurden und die nun an Aufgaben angewendet und geübt werden, die der Einführungssituation sehr ähnlich sind. Die Aufgabe verlangt eine einfache Reproduktion. Solche Aufgaben sind sinnvoll nur bei Inhalten, bei denen es um Festigung und Automatisierung von einfachen Kenntnissen und Fertigkeiten geht: z.B. Rechtschreibphänomene oder das Einmaleins (nachdem die Grundlagen des Multiplizierens den Kindern vertraut sind; diese selber können nicht durch Übung des Einmaleins gelernt werden!)

B. Übertragung und Anwendung

Übertragung, Anwendung und Übung von vorher Gelerntem kann auch an Aufgaben und Situationen vollzogen werden, die sich von der Einführungssituation stärker unterscheiden; es kann »neue Einbettungen« und Varianten von Anwendungssituationen geben. Mit einer einfachen Reproduktion des vorher Gelernten ist es dann nicht getan; die Aufgabensituation muß von den Kindern erst daraufhin geprüft werden, ob bestimmte Regeln, Begriffe, Aussagen über Zusammenhänge im kon-

kreten Fall anwendbar sind. Es geht also auch darum, den Anwendungs-
bereich von Kenntnissen konkret zu prüfen und erfahrbar zu machen.
Solche Aufgaben haben für Kinder eher den Charakter von Herausforderungen an ihre Fähigkeiten: Sie führen zu Reaktionen folgender Art:
»Nanu? Was ist denn da los? Wie kann ich denn da rangehen?« usw.
Bei einfachen Übungsaufgaben bleibt diese – im günstigsten Fall motivierende – Unsicherheit meist aus.

Die Art der geforderten Übertragungsleistung ist immer auch von den
Vorkenntnissen der Kinder abhängig: dieselbe Aufgabe mag für manche Kinder eine einfache Übungsaufgabe sein, von anderen eine
schwierige Übertragungsleistung fordern oder gar nicht lösbar sein.

Beispiele: Eine vorher eingeführte Rechenregel an Sachaufgaben mit
Gewichten und Längen anwenden (z.B. Vermessen des Klassenzimmers oder Abwiegen von 1/2, 1/4, 1/6 eines gegebenen Gewichts).

Oder: Lesen eines Textes mit bisher als Schriftsprache nicht bekannten
Wörtern.

Oder: Nomen in einem kleingeschriebenen, fremden Text finden.

Die Erkenntnis, daß Luft in ihr bewegten Gegenständen Widerstand
entgegensetzt (mit Pappen durch den Schulhof laufen) auf das Problem
anwenden: »*Wie kann man ein Ei in einem Eierkasten so aus dem Fen-*
ster im zweiten Stock werfen, daß es unten heil ankommt. Denkt dabei
an das Gesetz vom Luftwiderstand.«
Das Bereitlegen von geeigneten Materialien, aus denen man einen Fall-
schirm machen kann, erleichtert die Lösung.

Der Übergang zwischen B und C ist fließend. Das letzte Beispiel aus B *C. Selbständige*
könnte auch diesem Aufgabentypus zugerechnet werden; in jedem Fall, *Problem-*
wenn die Erinnerung an die Gesetzmäßigkeit wegfiele. Wesentlich ist, *bearbeitung*
daß es Aufgaben gibt, bei denen die Kinder sich selbst neue Informationen erarbeiten müssen: Im obigen Fall müssen sie eine Anwendungs-
möglichkeit für das Gesetz vom Luftwiderstand finden.

Weitere Beispiele sind etwa Aufträge zu gezielten Beobachtungen und
Erkundungen; Aufträge, sich in Sachbüchern zu einem Thema zu informieren; ein Experiment zu einer gegebenen Fragestellung planen;
ein bisher nicht bekanntes Konstruktionsproblem mit einem Baukasten
lösen.

In einem anderen Sinne sind selbständige Bearbeitungsleistungen alle schriftlichen Produktionen der Kinder, die nicht im Abschreiben oder Lücken Ausfüllen bestehen: Geschichten, Berichte, Antworten auf problemorientierte Fragen zu einer Geschichte. Aufgaben dieser Art sind im Unterschied zu A und B »offen«: das Resultat und der Weg zum Resultat sowie das Kriterium für den Abschluß der Aufgabe werden von den Kindern mitbestimmt. Zu ihrer Bewältigung müssen die Kinder sich selbst Ziele setzen und eine Vielzahl verschiedener Fähigkeiten in einem geordneten Prozeß einsetzen. Dieser Anspruch sollte schrittweise gesteigert werden.

Beispiele zu allen drei Typen von Aufgaben sind in den Beispielplänen enthalten.

1.3 Nachbereitende – vorbereitende – selbständige WP-Aufgaben

Je nach der zeitlichen Verknüpfung von WP-Unterricht und anderem Unterricht lassen sich diese drei Aufgabentypen unterscheiden. Sie überschneiden sich mit der Unterscheidung von Aufgaben in Abschnitt 1.2., d.h. es sind z.B. nachbereitende Aufgaben möglich, als Übung oder Übertragung oder selbständige Problembearbeitung. Allerdings sind Übungsaufgaben meist nachbereitend.

A.
Nachbereitende
Aufgaben

Eine WP-Aufgabe schließt an eine vorhergegangene Unterrichtssequenz an und greift deren Thema in Form einer WP-Aufgabe wieder auf. Man kann auch sagen, daß damit den Kindern eine weitere Aneignungsmöglichkeit zum Thema gegeben wird. Nachbereitung sollte, wo immer möglich, auch Ausweitung, Verallgemeinerung und Abwandlung des Themas beinhalten, sonst wird sie leicht zu einer eintönigen und unergiebigen Angelegenheit.

B. Vorbereitende
Aufgaben

Die Kinder werden mit einem Thema erstmals in einer WP-Aufgabe konfrontiert. Sie suchen nach Informationen zum Thema; machen sich, eventuell unterstützt durch gezielte Fragen, Gedanken dazu; überlegen vorläufige Antworten; probieren etwas erstmals durch.

Diese Vorbereitungen werden in einem nachfolgenden Unterrichtsabschnitt (z.B. Klassengespräch) aufgegriffen und weiter verarbeitet. Es mag sich eine neue WP-Aufgabe daran anschließen. Nach unseren Erfahrungen können Klassengespräche zu schwierige Themen durch diese Art der Vorbereitung in ihrer Ergiebigkeit gefördert werden: die Kinder haben schon vorher Zeit und Ruhe, zum Thema Informationen zu sammeln und Urteile zu bilden. Gerade Schülern, die sonst ängstlich und zurückhaltend in Klassengesprächen sind, kann dies helfen.

Wenn Sie das Thema außerhalb des WP in einer Stunde *vor* Ende des jeweiligen WP aufgreifen wollen, dann sagen Sie den Kindern das zu Beginn der Woche oder schreiben es in den Plan: *»Aufgabe X soll bis Mittwoch 3. Stunde bearbeitet sein. Wir wollen dann über eure Ergebnisse sprechen.«*

Wochenpläne können Aufgaben enthalten, die außerhalb des WP gar nicht behandelt werden. Sowohl die »Einführung« als auch die Auswertung der Arbeitsergebnisse braucht dabei nicht vom Lehrer geleitet mit der ganzen Klasse zu erfolgen. Selbständige Aufgaben können z.B. Serien von Aufgaben zu einem Thema in aufeinander folgenden Plänen sein.

C. Selbständige Aufgaben

Die nächste Aufgabe entwickelt der Lehrer nach einer Analyse der bisherigen Arbeitsergebnisse. Häufig können auch Lernprogramme u.ä. auf diese Weise in den WP-Unterricht einbezogen werden.

2. Aufgaben aus dem Bereich Mathematik

Es wurden WP entwickelt, die zum großen Teil aus *Übungsaufgaben zu den vier Grundrechenarten* bestanden, in Form des üblichen Päckchenrechnens. Zwar liegt es nahe, diese notwendigen Übungen in den WP zu legen; aber dieses »Abschieben« einer bestimmten Sorte von Aufgaben in den WP hat Nachteile für das Üben und die Art der WP-Arbeit, die dann zustande kommt:

Problem der Übungsaufgaben

a) Das Lösen einer Serie ähnlicher Aufgaben wird leicht mechanisch. Die zugrundeliegenden mathematischen Zusammenhänge werden nicht immer wieder bewußt gemacht.

b) Besteht der WP aus Serien ähnlicher Aufgaben, werden die Kinder seine Bearbeitung als recht eintönig erleben und versuchen, die Aufgaben möglichst schnell hinter sich zu kriegen. Es stecken dann keinerlei Überraschungen und Herausforderungen mehr darin, die ein weitergehendes Sicheinlassen auf Mathematik provozieren könnten.

Das Arbeitsblatt R4 enthält zwar auch Serien von Übungsaufgaben zum Einmaleins, aber auch einiges darüber hinaus:

Kommentar zu Arbeitsblatt R4

1. Es werden in Aufgabe 1 *symbolische Veranschaulichungshilfen* in Form von Kringelfeldern gegeben, mit denen die Kinder sich nochmals bewußt machen können, was multiplizieren ist, bevor sie an das Lösen von Rechenaufgaben gehen.

Arbeitsblatt R.4

1.) Male die Kringelfelder : 7·2   6·4   3·2   9·4   8·2

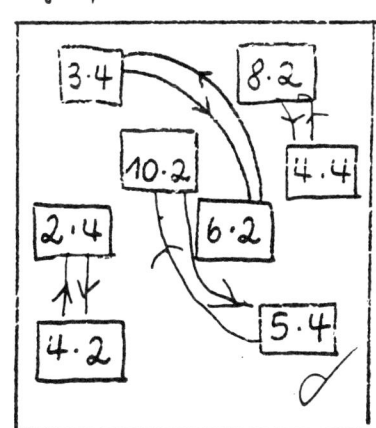

2.) Setze die fehlende Zahl ins leere Kästchen.

* 10·2 = $\boxed{20}$ ✓   * 7·4 = $\boxed{28}$ ✓
  7·2 = $\boxed{14}$ ✓   3·4 = $\boxed{12}$ ✓
  2·$\boxed{4}$ = 8 ✓ $\boxed{5}$·4 = 20
  2·$\boxed{9}$ = 18 ✓ $\boxed{4}$·4 = 16 ✓
  2·$\boxed{6}$ = 12 ✓ $\boxed{8}$·4 = 32 ✓

** $\boxed{8}$·2 = 16   *** 4·$\boxed{6}$ = 24 ✓
  $\boxed{3}$·2 = 6 ✓   4·$\boxed{2}$ = 8 ✓
  $\boxed{2}$·2 = 4 ✓   4·$\boxed{4}$ = 16 ✓
  $\boxed{11}$·2 = 22 ✓ $\boxed{10}$·4 = 40 ✓
  $\boxed{5}$·2 = 10 ✓ $\boxed{1}$·4 = 4

3.)
1·2 = $\boxed{2}$ ✓   1·4 = $\boxed{4}$ ✓
5·2 = $\boxed{10}$ ✓   5·4 = $\boxed{20}$ ✓
7·2 = $\boxed{14}$ ✓   7·4 = $\boxed{28}$ ✓
3·2 = $\boxed{6}$ ✓   3·4 = $\boxed{12}$ ✓
6·2 = $\boxed{12}$ ✓   6·4 = $\boxed{24}$ ✓

10·2 = $\boxed{20}$ c   10·4 = $\boxed{40}$ ✓
4·2 = $\boxed{8}$ ✓   4·4 = $\boxed{16}$ ✓
8·2 = $\boxed{16}$ ✓   8·4 = $\boxed{32}$ ✓
2·2 = $\boxed{4}$ ✓   2·4 = $\boxed{8}$ ✓
9·2 = $\boxed{18}$ ✓   9·4 = $\boxed{36}$ ✓

3.) → ist genau so groß wie

| Boxes |
3·4   8·2
   10·2
      4·4
2·4 6·2
4·2   5·4

4.) Fasse zusammen

4·2 + 2·2 = 6·2 = 12
5·2 + 1·2 = 6·2 = 12 ✓
2·2 + 6·2 = 8·2 = 16 ✓
9·2 + 1·2 = 10·2 = 20 ✓
3·2 + 3·2 = 6·2 = 12 ✓

3·4 + 5·4 = 9·4 = 32
1·4 + 4·4 = 5·4 = 20 ✓
2·4 + 7·4 = 9·4 = 36 ✓
5·4 + 4·4 = 9·4 = 36
8·4 + 1·4 = 9·4 = 36 ✓
5·4 + 5·4 = 10·4 = 40 ✓

Wenn Kinder gelernt haben, sich Rechenprobleme zum Beispiel mit Plättchen oder Ketten zu veranschaulichen und Lösungen durch Operieren mit diesem Material (»materialisierte Handlung«) zu probieren und zu prüfen, dann können sie oft auch Aufgaben lösen, die neue Elemente enthalten, die also nicht einfache Übungsaufgaben sind. Sie können sich dann unter Umständen selbst »einführen«.

2. Besonders in Aufgabe 3 und 4 werden *grundlegende mathematische Zusammenhänge* deutlich: Identität von Produkten aus verschiedenen Multiplikatoren, Verwenden des Relationszeichens, Zusammenhang von Addition und Multiplikation.

3. Der Plan, aus dem R4 stammt, enthält zum Rechnen weitere Aufgaben:
Die Kinder sollen selbst analog zu Aufgabe 3 »ist um 2 größer als« Aufgaben bilden und Kringelfelder mit einem Partner auf einem Steckbrett stecken.

Verallgemeinert kann man sagen:
Kinder können lernen, die Bereiche z.B. aus dem Einmaleins zu erkennen, in denen sie selbst noch Schwächen haben, und sich entsprechende Übungsaufgaben aus entsprechenden Materialien auswählen.

Eine WP-Aufgabe könnte dann etwa lauten:
»Suche dir aus den Einmaleins-Karten das Einmaleins, bei dem du noch unsicher bist. Übe mit einem Partner. Trage im Plan ein, welches Einmaleins du geübt hast.«

D.h. Kinder können und sollen lernen, sich *selbst Lernziele zu setzen.*

3. Beispiele aus dem Bereich Deutsch

Rechtschreibung ist ein Inhaltsbereich, der besonders leicht zu eintönigem, trockenem Übungsstoff wird. Es ist schwer, Alternativen zu finden, und im Grunde kann es nicht einzelnen Lehrern zugemutet werden, das zu ändern.

3.1 Beispiel zur Rechtschreibung.
    Kommentar zu AB Nr. 26 aus Beispielplan 4

Dieses AB ist ein gutes Beispiel für 4 Prinzipien, deren Umsetzung in Aufgaben das Üben der Rechtschreibung für Kinder eventuell interessanter und bedeutsamer machen kann als üblich.

A. Variantenreiche Einbettung

Das ABC muß in verschiedenen Zusammenhängen zur Bewältigung verschiedenartiger Aufgaben reproduziert und angewendet werden. Rätsel sind eine beliebte Einbettung für Rechtschreibaufgaben.

B. Eingebaute Selbstkontrolle

Aufgabe 1 ist ein Beispiel für Selbstkontrolle, die aus der Ausgabe selbst hervorgeht. Es gibt einige Arbeitsmaterialien, die daraufhin angelegt sind (z.B. LÜK-Kasten, einige Sortimente von Arbeitskarten und Lernprogrammen).

C. Nutzen und Wirklichkeitsbezug

Kenntnis des ABC wird auf Gegenstände angewandt, die auch außerhalb der Schule vorkommen; die Benutzung dieser Gegenstände (Telefonbuch) setzt das ABC voraus. Der Nutzen des ABC wird konkret einsichtig. (Vielleicht sollte man die Kinder jedoch nicht, wie es im Arbeitsblatt 26 geschieht, auffordern, den eigenen Namen zu suchen – manche Kinder haben zu Hause kein Telefon.)

D. Schlüssel zu neuen Kenntnissen

Kenntnis des ABC ist der Schlüssel zum Benutzen von Lexika aller Art. So früh und so oft wie möglich sollten Kinder sie benutzen dürfen, z.B. auch bei Übungsdiktaten.

3.2 Rechtschreibübungen bei Diktaten und anderen Schreibleistungen

Diktatübung

Nach unseren Erfahrungen hat es sich bewährt, Diktate im WP zu üben. Die Kinder diktieren sich gegenseitig das Diktat, kontrollieren mit Hilfe von Wörterbüchern (das können sie nicht auf Anhieb und ohne Hilfe), üben schwierige Teile, z.B., indem sie kleine Sätze mit Wörtern bilden, die sie bisher falsch geschrieben haben. Der Termin für den »Ernstfall« und die Bewertungskriterien (Note – Fehlerzahl – Fortschritt) werden vorher angekündigt. Mehr als die absolute Fehlerzahl sollten Sie dabei die Fortschritte berücksichtigen, die die Kinder machen. Kinder können so selbst Übungsaufwand und -zeitpunkt nach eigenen Zielen einrichten:
»Ob ichs diesmal mit weniger als 10 Fehlern schaffe? Eben hatte ich noch 12, aber wenn ich jetzt noch ein bißchen übe ... Karl diktierst du mir noch mal die Wörter, die wir bei mir angestrichen haben?«

Arbeitsblatt Nr. 26

```
┌──────────────────────────────────┐
│      P          Y              O  │
│          F          H      U      │
│  W   A       X          D   Z  Q  │
│      K              M     J     S │
│    T       V       C    G         │
└──────────────────────────────────┘
```

Welche Buchstaben des
ABC fehlen in dem
Kästchen?

Sie ergeben einen
Städtenamen!

Die ·Stadt heißt: _____

So läßt sich das ABC leicht lernen:

a b c d e̲ f g h i̲ j
                 k l m n o̲
                        p q r s t
                               u̲ v w x y und z

Im Telefonbuch stehen die Namen nach dem ABC geordnet.
Versuche deinen Namen im Telefonbuch zu finden (Nachname),
schreibe auf was dort noch steht!

_____

_____

_____

Wir haben ein Lexikon und ein Rechtschreibwörterbuch in der
Klasse. Wie sind dort die Wörter geordnet?

_____

Versuche aus dem Lexikon folgende Wörter zu erklären:

Adresse: _____

Lift: _____

Vulkan: _____

Ähnlich wie bei Rechenübungen können Kinder auch hier lernen, sich bekannte Übungslernziele selbst zu setzen. Im günstigsten Fall besorgen sie selbst die erforderliche »innere Differenzierung«.

Im Grunde können auch alle anderen Schreibarbeiten in Rechtschreibübungen einbezogen werden, z.B. das Prüfen von Aufsätzen auf Fehler; nur sollte das nicht so und in einem solchen Umfang geschehen, daß den Kindern das Schreiben selber »vermiest« wird.

Wozu Rechtschreibung? Ähnlich wie bei Rechenübungen ist es Kindern oft nicht einsichtig, wozu und warum sie richtig schreiben können sollen. Man kann Aufgaben auch im Rahmen größerer Unterrichtseinheiten stellen, die solche Einsichten vermitteln können; schreiben ist dabei an inhaltliche Mitteilungsabsichten gebunden und nicht l'art pour l'art.

Z.B.:
– Briefe an verschiedene Leute schreiben, denen man etwas mitteilen will oder die man etwas fragen will (z.B. für eine Exkursion zu Handwerkern, denen man bei ihrer Arbeit zugucken will).
– Für andere Kinder Geschichten oder einen Bericht schreiben. (Das Kriterium ist dann jeweils die Lesbarkeit des Textes neben der Frage, ob die beabsichtigten inhaltlichen Wirkungen beim Leser erreicht wurden.)
– Erwachsene befragen und aufschreiben, wozu sie etwas schreiben müssen. Ergebnisse in der Klasse zusammentragen und diskutieren[1].

3.3 Texte produzieren

Das Schreiben von Texten ist in Wochenpläne in verschiedenen inhaltlichen Zusammenhängen einbezogen worden. Die Pläne im Anhang I geben verschiedene Beispiele dafür. Hier sei nur angemerkt, daß Textproduktion auch dann vorliegt, wenn Bildergeschichten kommentiert werden, wenn Zeitschriften zerschnitten und zu neuen Bild-Text-Kombinationen zusammengefügt werden, wenn Wortkarten, Druckkästen und Schreibmaschinen benutzt werden.

1) Solche Elemente enthielt eine Unterrichtseinheit zum Sprachunterricht, die im Rahmen des Projekts »Die Häschen-Schule« entwickelt wurde.

Beispielplan 7 im Anhang II enthält eine relativ »offene« Aufgabe zur Produktion von Texten. Die Kinder haben im vorangegangenen Werkunterricht Stabpuppen hergestellt und sollen für diese Puppen mit einem Partner ein Stück schreiben. Am Ende der Woche werden die Stücke mit den Puppen vorgespielt.

Eine solche Aufgabe halten wir aus mehreren Gründen für gut:

1. Die Kinder stellen selbst Material her, das sie in ihrem Unterricht in vielfältiger, kreativer Weise weiterverwenden können.
2. Die Aufforderung, ein Stück zu schreiben, kann der Tendenz mancher Kinder entgegenwirken, entweder relativ niveaulos und chaotisch mit den Handpuppen herumzuspielen oder sich gar nicht an sie heranzutrauen.
3. Das Schreiben eines Stückes ist eine komplexe und offene Aufgabe sprachlicher Produktion, die gleichzeitig nicht die Beliebigkeit mancher anderer »Aufsatzthemen« an sich hat.
4. Die Produktion des schriftlichen Textes ist nur die Vorbereitung zu einer mündlichen sprachlichen Darstellung; solche kleinen Theater- und Rollenspielszenen sind eine gute Möglichkeit, dafür zu sorgen, daß im Sprachunterricht nicht nur geschrieben wird.
5. Eine Weiterführung der Arbeit mit den Stabpuppen könnte so aussehen, daß die Kinder sich gegenseitig von ihren Vorführungen anregen lassen, ihre eigenen Texte auszubauen oder neue Stücke zu einem gemeinsamen Thema zu entwerfen. Freie Textproduktion und sprachliches Handeln im Spiel könnte so in einem Kreisprozeß qualitativ weiterentwickelt werden.

3.4. Lesen

Häufig wurde das Lesen und Üben von Texten im WP von den Kindern verlangt. Dabei gab es verschiedene methodische Varianten:
Texte waren vorgegeben (z.T. nach Gruppen differenziert) oder konnten von den Kindern gewählt werden.

Gezielte Leseübungen wurden in Partner- oder Gruppenarbeit durchgeführt: gegenseitiges Vorlesen und Korrigieren. Ein Kassettenrecorder ist dafür ein wertvolles Hilfsmittel (gemeinsames Abhören).

Sinnvoll ist es, das Lesen der Kinder jeweils auf bestimmte *Ziele* hin zu orientieren, um so genaueres und gründlicheres Lesen und Auseinandersetzung mit dem Inhalt zu fördern:

- Texte (z.B. Sachbücher) unter einem gezielten inhaltlichen Erkenntnisinteresse lesen.
- Zu einem Text sollen Fragen beantwortet werden, die Verstehen und kritische Auseinandersetzung mit dem Text verlangen (zu Anfang wenige, einfache Fragen); eventuell kann das auch als Partner- oder Gruppenarbeit geschehen. Die Antworten auf die Fragen werden in einem Klassengespräch aufgegriffen.
- Gelesene und geübte Texte am Ende der Woche vorlesen lassen, gemeinsame Diskussion der Inhalte und Beurteilung der Fortschritte im Lesen. Erarbeitung von Zielen für die weitere Arbeit.
- Zu frei gewählten Texten einen Kommentar schreiben oder eine »Leseempfehlungstabelle« ausfüllen, die anderen die Auswahl von gewünschtem Lesestoff erleichtert.
- Das Lesen des WP ist ebenfalls eine »Aufgabe«, die nicht um ihrer selbst willen betrieben wird, sondern bezogen auf einen bestimmten Zweck erforderlich ist.

4. Beispiele zum Sachunterricht

Die anspruchsvolleren Zielsetzungen des WP – wie Entwicklung der Fähigkeit zum selbständigen Aneignen und Anwenden von Kenntnissen – können wahrscheinlich in Verbindung mit Inhalten des Sachunterrichts in besonderer Weise zum Tragen kommen.

4.1. Ein Beispiel aus der Geographie (Karten lesen)

Bedeutung von Vorkenntnissen

An diesem Beispiel kann gut die Bedeutung von Vorkenntnissen verdeutlicht werden:

Das richtige Beantworten der Fragen verlangt das Wiedererkennen und Anwenden von Zeichen für geographische Phänomene und den Vergleich verschiedener Karten unter bestimmten Fragestellungen, die Lage und Merkmale verschiedener Städte betreffen. Kennen die Kinder diese Zeichen nicht oder nur von ganz anderen Karten, dann wird zusätzlich verlangt, diese Information selbst der Legende zu entnehmen – eine wesentliche Fertigkeit für die richtige Benutzung von Karten. In diesem Fall wäre also der Anspruch an Übertragung und selbständige Aneignung und Anwendung von Informationen wesentlich größer, aber auch der Sache angemessener, als wenn vorher die Zeichen vom Lehrer erklärt worden wären. Dieselbe Aufgabe als eine einfache Übungs-(Reproduktions-)aufgabe hätte verlangt, verschiedene Zeichen aus ei-

KARTENLESEN :   HESSISCHE GROSSSTÄDTE
(Vergleich der Stadtpläne S.4/5 im Hessenatlas)

I   Unterstreiche die richtigen Lösungen!

1.   Welche Stadt hat den größten Grüngürtel ?   .   Wiesbaden
                                                        Frankfurt
                                                        Kassel
                                                        +Darmstadt

2.   Welche Städte werden von einem Fluß durchzogen?
     Wiesbaden, Frankfurt, Kassel, Darmstadt

3.   In welchen Städten gibt es eine Frankfurter
     Straße? Wiesbaden, Frankfurt, Kassel, Darmstadt

4.   In welcher Stadt führt ein Ring (Straße) am Stadtkern
     entlang? Frankfurt, Wiesbaden, Kassel, Darmstadt

5.   In welcher Stadt steht die berühmte Paulskirche?   Wiesbaden
                                                        Frankfurt
                                                        Kassel
                                                        Darmstadt

6.   In welcher Richtung führt die Darmstädter Landstraße?
     Norden, Süden, Osten, Westen

7.   Welche Stadt ist überwiegend von Äckern und Gärten
     umgeben? Wiesbaden, Frankfurt, Kassel, Darmstadt

8.   Im Süden welcher Stadt führt eine Autobahn vorbei?
     Wiesbaden, Frankfurt, Kassel, Darmstadt

9.   Welche Stadt hat den größten Hauptbahnhof?   Wiesbaden
                                                        Frankfurt
                                                        Kassel
                                                        Darmstadt

10. In der Umgebung welcher Stadt findet man Weinberge?
     Wiesbaden, Frankfurt, Kassel, Darmstadt

11. In welcher Stadt liegt der Palmengarten?
     Wiesbaden, Frankfurt, Kassel, Darmstadt

12. Welches ist das Wahrzeichen von Darmstadt : Eschersheimer Turm
                                                 Römertor
                                                 Herkules
                                                 + Ludwigssäule

ner Legende abzumalen und die Bedeutung dazuzuschreiben. Das Kartenlesen hätte diese Aufgabe allerdings kaum gefördert.

»Geschlossene
Aufgabe«

Trotz dieses relativ hohen Anspruchs der Aufgabe (die Kinder haben sie gern bearbeitet) ist es eine »geschlossene« Aufgabe. Die Fragen und die möglichen Antworten sind sehr präzise vorgegeben.

Ausweitung zu
einem Projekt

Wollte man dieses Thema zu einem kleinen Projekt ausweiten, könnte man vielleicht folgendes machen:

Anhand von Karten (eventuell erhalten verschiedene Gruppen verschiedene Karten) sollen die Kinder aufschreiben, was sie alles sehen werden, wenn die Klasse eine Exkursion zu einem bestimmten Ort auf einer festgelegten Route unternimmt. Während der Exkursion werden die Voraussagen über das, was man laut Karte sehen sollte, mit dem verglichen, was in der Realität zu sehen ist. Wahrscheinlich werden die Kinder die Exkursion mit besonderer Aufmerksamkeit mitmachen und ein neues Verhältnis zu Karten gewinnen. Sie lernen, Karten genaue Informationen zu entnehmen, und sie werden sich des Modellcharakters von Karten ansatzweise bewußt werden. Eine Karte ist nicht die Realität, sondern ein modellartiges Abbild von ihr.

Die Vorbereitung der Exkursion könnte (muß aber keinesfalls) in einem WP geschehen, der im wesentlichen aus entsprechenden Aufgaben besteht. Wenn sinnvoll, könnte dann auch die freie Wahl der Reihenfolge der Aufgabenbearbeitung eingeschränkt werden; Phasen des Zusammentragens von Zwischenergebnissen im Klassengespräch könnten im Plan vorgesehen werden. Möglicherweise wird phasenweise auch arbeitsteilig in Gruppen verfahren, z.B.: eine Gruppe nimmt Kontakt auf mit einem Busunternehmen, eine andere versucht, ein Mittagessen in XY zu arrangieren usw.

»Realitätskontakt«

Gerade für den Sachunterricht ist es wesentlich, daß Erkenntnisse über die Realität nicht nur aus Lehrprogrammen, Büchern usw. gewonnen werden (in denen diese Realität oft genug in einer fragwürdigen Weise aufbereitet wird), sondern häufiger auch durch direkte und von Fragestellungen angeleitete Auseinandersetzung mit der Realität.

4.2 Beispiel Ernährungslehre

Diese Unterrichtseinheit wurde im Marburger Grundschulprojekt in wichtigen (nicht in allen) Teilen in den WP einbezogen.

1. Zunächst gab es im WP eine *Vorbereitungsaufgabe*, nämlich einen Auftrag, über Eßgewohnheiten der Familie Protokoll zu führen:
   »Wir wollen in der nächsten Woche mit Ernährungslehre beginnen. Wir müssen dafür eine Vorarbeit machen: Trage in eine Tabelle ganz genau ein, was du an jedem Tag dieser Woche ißt. Vergiß auch die Süßigkeiten nicht!«
   Die Tabelle ist auf der nächsten Seite wiedergegeben.

2. Im nächsten WP gab es zu Ernährungslehre folgende Aufgabe:
   »Schreibe 10 Nahrungsmittel auf, die deiner Meinung nach die wichtigsten sind.«

3. Im daran anschließenden WP sollten die Kinder das Arbeitsblatt A1 bearbeiten.

An dieser Art Aufgabenstellungen kann man Prinzipien verdeutlichen, die für den Sachunterricht allgemeine Bedeutung haben:

3 Prinzipien

a) Die Kinder werden mit Fragestellungen in Bezug auf Gegenstände ihres alltäglichen Lebens konfrontiert, die für sie objektiv und oft auch subjektiv bedeutsam sind.
   »Warum muß ich das essen?« ... *»Ich will das essen! ... Nein!«*

b) Die Fragestellungen bzw. Beobachtungsaufträge sind sowohl offene, die es den Kindern erlauben, ihre Ansichten und Urteile zum Ausdruck zu bringen, als auch relativ geschlossene, vom Lehrer genau vorgegebene, die die Kinder zu ganz spezifischen Einsichten bringen sollen (z.B. über den Gehalt an Grundstoffen in Nahrungsmitteln).

c) Die Kinder lernen so gezielt, in ihrer Umwelt (hier: dem Angebot an Eßwaren) nach Informationen für bestimmte Zwecke zu suchen (gesunde Ernährung).

Es würde sich anbieten, im Anschluß eine Unterrichtseinheit über Probleme der Warenproduktion und der Werbung zu machen:

Mögliche Ausweitung

»Warum steht auf vielen Packungen nicht, welche Grundstoffe enthalten sind?«
»Warum gibt es in vielen Packungen so viel Luft?«
»Welche Angaben macht Werbung über das Nahrungsmittel und welche nicht?«

Tabelle – Ernährungslehre

	Montag	Dienstag	Mittwoch	Donnerstag	Freitag	Samstag
Frühstück	Nutella mit Brot und Kakao	Bienenstich mit Brot und Kakao	Spiegeleier mit Brot und Kakao	Spiegeleier mit Brot und Kakao	—	Streuselkuchen mit Kakao
Zwischendurch	—	—	—	—	—	—
Mittagessen	Kartoffeln mit Gulasch	Pfannkuchen	Spiegeleier Kartoffeln Bohnensalat	Spiegeleier Kartoffeln	gefüllte... mit Kartoffeln	Kartoffelsuppe mit Brot
Zwischendurch	—	—	—	—	—	—
Abendessen	Wurst Brot Eier Apfelsaft	Wurst Brot Fleischsalat Eier Apfelsaft	Wurst Brot Apfelsaft	Wurst Brot	Wurst Brot	Fleischsalat mit Brot
abends noch	Schokolade	—	Blätzchen	—	Apfelsine Apfel	Schokolade mit Apfelsaft

Die Grundstoffe unserer Nahrung sind:

Fett - Eiweiß - Kohlenhydrate

Versuche mit Hilfe von Tabellen und Aufschriften auf Verpackungen herauszufinden:

a) In welchen der 3 Lebensmitteln ist am meisten Fett enthalten?

Butter	87,0
Öl	99,t
Speck	90,0

b) In welchem der 3 Lebensmitteln ist am meisten Eiweiß enthalten?

Milch	8,5
Rindfleisch	15,2
Ei	9,9

c) In welchem der 3 Lebensmitteln ist sind am meisten Kohlenhydrate enthalten?

Brötchen	57,5
Schnellkakao	79,0
Linsen	56,2

Schreibe die Werte (bezogen auf 100g) hinter jedes Lebensmittel und unterstreiche jeweils den höchsten Wert.

4.3. Beobachtung von Wachstumsvorgängen[1]

*Vorgespräch zur
Beobachtung* Diese Aufgabe »paßt« in besonderer Weise zur Struktur eines *Wochen*-Plans. Nach einem Vorgespräch sollten die Kinder in der folgenden Tabelle ihre Beobachtungen über das Wachsen von Kresse eintragen. (Hier wird über die Vorgänge in einer 1. Klasse (!) berichtet.)

Nachdem geeigneter Boden, Kästen und Kressesamen beschafft waren, sprach die Lehrerin vor der ersten WP-Stunde mit der Klasse über das Vorhaben und damit verbundene Fragen:

Wie sät man Kresse?

Braucht Kresse Wasser? Wieviel?

Wie lange dauert es, bis man etwas sieht?

Wie groß werden Kressepflanzen?

Wie kann es möglich sein, daß aus einem so winzigen Samenkorn eine richtige Pflanze wird? (Diese naheliegende Frage kann auch von der modernen Biologie nicht vollständig beantwortet werden.)

Z.T. mußten die Fragen vorläufig offen bleiben – die Beobachtungen sollten näheren Aufschluß geben; z.T. kamen die Kinder auf Grund ihrer Vorerfahrungen zu den richtigen Antworten, z.B. daß der Kressesamen knapp unter die Bodenoberfläche gelegt werden muß, wenn er gut gedeihen soll.

Solche Vorgespräche sind wichtig, um die Kinder zu *gezielten,* von *Fragestellungen* geleiteten Beobachtungen anzuregen. Nur so können sie den Kindern inhaltlichen Erkenntnisgewinn und damit verbundenes methodisches Bewußtsein vermitteln.

*Beobachtungs-
phase* Nach Austeilen des WP, der nochmals eine kurzgefaßte Anweisung zu dieser komplexen Aufgabe enthielt, begannen die Kinder sofort mit dem Säen; jede Gruppe hatte einen Kasten mit Boden und ein Päckchen Kressesamen.

[1] In Anlehnung an S. 122f. des sehr empfehlenswerten Buchs von Ute Andresen: Das erste Schuljahr. Klett 1973.

65

	schreibe	male
Montag	Samen schmeckt säen	
Dienstag	nichts	
Mittwoch	kleine Weiße keime	
Donnerstag	Kleine Pflänzchen	
Freitag	4 cm lange Pflänzchen	
Samstag	9cm lange Pflänzchen ernten essen	

66

Unmittelbar anschließend und am nächsten Tag kam es zu »Riesengie-ßereien«. Jeder wollte der Kresse das Beste tun und sie ordentlich mit Wasser versorgen. Die Kresse wurde zum Sumpfgewächs. Einige Kinder begannen sich zu fragen, ob so viel Wasser gut sein könne. Die Lehrerin griff dieses Problem im Anschluß an die 2. WP-Stunde auf, mit der abschließenden Empfehlung, jede Gruppe sollte ihre Kresse pro Tag nur einmal mit einer kleineren Menge Wasser gießen.

In einer späteren Unterrichtseinheit könnte das Wasserproblem auch ausführlicher in einer experimentellen Anordnung bearbeitet werden: Welche Wirkungen auf das Wachstum der Pflanzen hat die gezielte Variation der zugeführten Wassermengen?

Problem 2
Festhalten der
Beobachtungen

Ganz allgemein waren die Kinder stark daran interessiert, durch Worte, cm-Angaben und Bilder einen Vorgang zu dokumentieren, und »Schwarz auf Weiß« nach Hause tragen zu können. Was aber trägt man in die Tabelle ein, wenn »nichts« zu sehen ist?

Das Festhalten der Tatsache, daß ein erwartetes Ereignis nicht eingetreten ist, wollten die Kinder zunächst nicht als notwendig einsehen.

Die Idee, die Größe der Pflanzen und ihre Veränderung in cm zu messen, wurde von den Kindern eingebracht. Aber wie soll gemessen werden? Zählt die Wurzel dazu oder nicht? Es mußten Meßvereinbarungen getroffen werden – ein grundlegendes Problem aller Naturwissenschaften.

Manchen Kindern gelang es, für ihre Beobachtungen eigene Worte zu finden und aufzuschreiben, anderen half die Lehrerin dabei:

Gegen Ende jeder WP-Stunde wurden in einem kurzen Gespräch die Beobachtungen ausgetauscht, passende Formulierungen gesucht und von den Kindern an die Tafel geschrieben. Für Kinder wird so der Sinn von Sprache erfahrbar: Instrument zum Erkennen der Wirklichkeit, zur Speicherung solcher Erkenntnisse und für ihre Mitteilungen an andere.

Abschluß und
Weiterführung

Aus ungeklärten Gründen waren die Kressepflanzen sehr groß geworden, und bei ihrer Verwendung auf Butterbroten stellte sich heraus, daß sie sehr bitter schmeckten. Gleichwohl wurden die Kresse-Butterbrote mit großer Begeisterung verzehrt.

Eine gute Unterrichtseinheit wirft mehr Fragen auf als sie klärt. Spätere Unterrichtseinheiten mit gezielten biologischen Fragestellungen können auf dieser aufbauen.

4.4. Methodische Bildung: Behauptungen prüfen [1]

Methodische (Un-)bildung findet in jeder Unterrichtssituation mehr oder weniger »nebenbei« statt. Immer wenn Kinder (oder Erwachsene) etwas inhaltlich bestimmen lernen (sollen), eignen sie sich dabei richtige oder falsche Kenntnisse an über die Art und Weise, wie man zu neuem Wissen kommt, welcher Natur dieses Wissen ist u.a.
Große Teile unseres Wissens bestehen aus Behauptungen (Hypothesen), deren Richtigkeit uns mehr oder weniger gewiß ist. Das gezielte Prüfen einer Behauptung bestärkt bei positivem Ausgang meist unsere Gewißheit.

Die Entwicklung einer kritischen Haltung gegenüber Aussagen über die Wirklichkeit, d.h. auch die Verunsicherung eines naiven Glaubens an die Richtigkeit solcher Aussagen, ist ein fundamentales Lernziel auch für die Grundschule.

Im nebenstehend abgedruckten Arbeitsblatt »Behauptungen« wird u.a. dieses Lernziel konkretisiert.

Kinder sind meist fasziniert von der Möglichkeit, daß eine Aussage *falsch* sein *könnte*. Das Interesse am Auffinden einer möglicherweise falschen oder unsinnigen Aussage spornt ihre Lesebemühungen in besonderer Weise an. Solche Aufgaben eignen sich auch gut als Hausaufgaben: sie können Kinder zur gezielten Auseinandersetzung mit ihrer näheren Umgebung anregen.

Weiterführend im Sinne methodischer Bildung müßten die Kinder sich unter Anleitung des Lehrers auch mit besonderen Merkmalen einzelner Aussagen und mit dem Prozeß der Prüfung von Aussagen befassen.

Eine kritische Haltung gegenüber Aussagen sollten die Kinder auch auf solche des Lehrers beziehen können. Wie schätzen Sie folgende Maßnahme einer Lehrerin ein: In Kontrollblätter hat sie neben den selten vorkommenden unabsichtlichen Fehlern absichtlich falsche Ergebnis.

1) Dieses Arbeitsblatt ist an einen Abschnitt des Buches von Ute Andresen angelehnt; dort (S. 100ff.) sind auch Beispiele dafür enthalten, wie dieser Aufgabentypus im Sachunterricht verwendet werden kann.

Behauptungen

prüfe nach ob es stimmt

	stimmt	stimmt nicht
In unserer Klasse sind 18 Kinder.		
Anja bringt jeden Tag ihre Katze mit in die Schule.		
Wir haben viele Bücher in der Leseecke.		
Zum Frühstück regnet es Würstchen.		
Wir werden mit dem Flugzeug in die Schule geflogen.		
Meine Hand hat 5 Finger.		
In unserer Klasse gibt es 9 Fenster.		
Schnecken können hüpfen.		
Sonntags ist schulfrei.		
An Weihnachten kommt der Osterhase.		
Marmelade schmeckt salzig		
Auf der Seite 32 im Lesebuch steht ein Gedicht von Schnecken.		

se eingebaut, ohne dies den Kindern immer zu sagen; sie wartete darauf, bis Kinder den Fehler entdeckten, machte dies der ganzen Klasse bekannt und sagte dazu, daß eben auch ein Erwachsener Fehler machen könne und sie (die Kinder) nicht alles einfach glauben sollten, was der Lehrer sagt.

5. Kunst und Werken

Ein Beispiel für künstlerisches Gestalten im WP-Unterricht ist das Arbeitsblatt »Farbenmischen«. In der Praxis stellte sich heraus: Viele Kinder (3. Schuljahr) hatten Schwierigkeiten, die komplexe Arbeitsanweisung vollständig zu verstehen und praktisch auszuführen. Insbesondere war ihnen nicht gleich klar, wie ihre Einzelarbeit auf das gemeinsame Produkt bezogen und in die Kollage eingebracht werden sollte. Durch klärende Hinweise an die jeweils damit befaßte Gruppe konnten diese Probleme gelöst werden. Lehrer, Schüler und Besucher waren schließlich von dem Ergebnis begeistert. Das Arbeitsblatt wurde übrigens in zwei Parallelklassen eingesetzt, die zur gleichen Zeit jeweils ihre WP-Stunden hatten. Die Türen zwischen den Klassen waren offen. Eine der Lehrerinnen konnte sich deshalb schwerpunktmäßig mit der Kunstaufgabe befassen.

Im WP-Unterricht bietet es sich mitunter an, über mehrere Wochen Aufgaben in einer inhaltlich kontinuierlichen und aufeinander aufbauenden Folge anzubieten, z.B. also weitere Aufgaben zum Thema »Farbenmischen«. Das motivierende Erlebnis des Fortschreitens in einem Fähigkeitsbereich kann insbesondere im Bereich Werken und Kunst in prägnanter Weise ermöglicht werden.

Arbeitsblatt 3

WIR WOLLEN EIN GROSSES BILD FÜR UNSERE KLASSE GEMEINSAM HERSTELLEN. DAS BILD SOLL AUS VIELEN KLEINEN BLAUEN KÄRTCHEN ANGEFERTIGT WERDEN.

1. DU BEKOMMST 20 KÄRTCHEN
MALE ⑤ KÄRTCHEN HELLBLAU AN.
VERSUCHE DABEI FÜR JEDES KÄRTCHEN EIN ANDERES HELLBLAU ZU FINDEN.

➡ ALLE BLAUEN FARBEN KÖNNEN MIT DECKWEISS AUFGEHELLT WERDEN. WENN DU KEIN DECKWEISS HAST NIMM EINFACH MEHR WASSER

2. MALE DIE RESTLICHEN ⑮ KÄRTCHEN DUNKELBLAU AN.
VERSUCHE AUCH HIER JEDES KÄRTCHEN ANDERS ANZU-MALEN

DU KANNST BLAU MIT FOLGENDEN FARBEN MISCHEN UM DUNKELBLAU ZU ERHALTEN:
BLAU + DUNKELGRÜN
+ SCHWARZ
+ ROT

DIE FARBEN WERDEN GANZ BESONDERS SCHÖN DUNKEL, WENN DU VIEL FARBE UND WENIG WASSER IN DEN PINSEL NIMMST.

3. KLEBT AUF EINEN GROSSEN PACKPAPIER EUERE KÄRTCHEN AUF
DABEI SOLLEN ALLE HELLEN KÄRTCHEN INNEN AUFGEKLEBT WERDEN, ALLE DUNKLEN BAUS SOLLEN AUSSEN ANGEBRACHT WERDEN

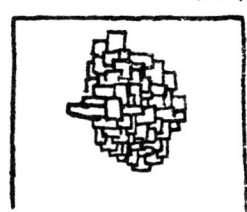

D. Beteiligung der Kinder an der Unterrichtsgestaltung, auch inhaltlich

Bisher war vom WP vorwiegend von solchen Wochenplan-Aufgaben die Rede, die vom Lehrer verbindlich vorgegeben werden. Wir haben auf der Ebene einzelner Aufgaben allerdings bereits deutlich gemacht, daß auch dabei Mitgestaltungsmöglichkeiten für die Kinder gegeben sein können.

In der Praxis des WP-Unterrichts ist jedoch immer versucht worden, die Kinder auch an der *inhaltlichen Unterrichtsgestaltung* zu beteiligen. Wir betrachten das auch als das eigentliche – nur langfristig zu erreichende – Ziel des WP: Kinder sollen über Unterrichtsziele zunehmend mehr mitbestimmen und entsprechende Lerntätigkeiten planen und verwirklichen können.

Langfristiges Ziel des WP

1. Erfahrungen mit »Freien Tätigkeiten«

Eine Möglichkeit zu dieser Beteiligung besteht darin, den Kindern neben den *verbindlichen Planforderungen* ein *Angebot* an verschiedenen »freien Tätigkeiten« zu machen; Tätigkeiten also, die von den Kindern frei gewählt werden können und nicht durch den Plan des Lehrers vorbestimmt werden.

Was sind »Freie Tätigkeiten«?

In manchen Klassen unseres Grundschulprojekts war dieses Angebot recht vielfältig: diverses Lesematerial, Spiele und Spielzeug, Malzeug und Bastelmaterial, Bausteine und Baukästen, Knet u.a.

Neben dem oben genannten Ziel hatte das Konzept der freien Tätigkeiten auch mehr pragmatische Zwecke:

Bei einem Plan, der für alle Kinder einheitlich ist, was meist der Fall war, sind manche Kinder schneller mit dem Plan fertig. Freie Tätigkeiten sind für diese Kinder eine sinnvolle »Beschäftigung«. Der Lehrer braucht ihnen nicht dauernd neue Aufgaben zu stellen, die Kinder suchen sie sich selber.

»Beschäftigung«

72

»Entspannung« Die freien Tätigkeiten können für Kinder eine sinnvolle Entspannung bieten, wenn sie vorher hart und angestrengt gearbeitet haben. In der Tat wäre ein WP mit lauter ähnlichen Beanspruchungen in unangenehmer Weise anstrengend.

Probleme mit freien Tätigkeiten In einigen Klassen, in denen ein »freies Angebot« der oben geschriebenen Art mit dem WP eingerichtet wurde, traten verschiedene *negative Effekte* auf, die wir hier ausführlicher und etwas überspitzt darstellen wollen, um davor zu warnen und dann aus dieser Kritik Alternativen zu entwickeln:

Kinder fassen »spielen« als Lohn der Mühe für die harte Arbeit an den Planungsaufgaben auf. »Spielen« und »Lernen« dividierte sich im Bewußtsein und Handeln der Kinder noch weiter auseinander. Das eigentlich Attraktive am WP wurde für die Kinder das Spielen. Bei manchen verstärkte sich die Orientierung, mit dem Plan möglichst schnell fertig zu werden, um dann Zeit fürs Spielen zu haben. Sie nahmen die Planaufgaben nicht mehr ernst, arbeiteten weniger sorgfältig, erfüllten bestenfalls ein Minimum, führten keine Kontrolle mehr durch oder schrieben Ergebnisse ab, um möglichst rasch »Plan fertig« melden zu können.

Das z.T. auch laute und hektische Spielen mancher Kinder störte andere bei ihrer Arbeit und förderte nicht gerade deren Bereitschaft, konzentriert am Plan weiterzuarbeiten. Eine räumliche Trennung von »Arbeit« und »Spiel« ist zwar möglich, um diesen Störeffekt zu vermeiden, dividiert beides aber nur noch mehr auseinander. Vermutlich würde den drei Kindern, die noch allein im »Arbeitsraum« sitzen, bald der letzte Rest an Arbeitslust vergehen.

Gefördert werden solche Entwicklungen, wenn der Lehrer von den Kindern strikt fordert: »Erst den Plan fertig, dann Spielen!«

Empfehlungen für die Gestaltung eines freien Angebotes Ein »Freies Angebot« sollte anfangs nicht zu umfangreich sein. Wenn Kinder mit Materialien destruktiv umgehen, sind vielleicht hinführende Erläuterungen und Beispiele von Lehrerseite (evtl. auch in Verbindung mit einer Planaufgabe) am Platze. Im Zweifelsfall eliminieren Sie das betreffende Material wieder aus dem FA.

Die »Freien Tätigkeiten« können vom entspannenden oder abwechslungsreichen Spiel über das Lesen von Comics nach eigenem Interesse, das Basteln von Geschenken bis hin zur selbsttätigen Vertiefung der Auseinandersetzung mit Inhalten des übrigen Unterrichts reichen. Damit die »Freien Tätigkeiten« eine gewisse Anbindung an die inhaltliche Unterrichtsplanung des Lehrers behalten, empfehlen sich folgende Maßnahmen:

Kinder kündigen besondere Vorhaben im Rahmen der »Freien Zeit« an einem dafür vorgesehenen Platz an und laden andere ein, mitzumachen. Z.B.: »Ich will mir eine Faschingsmaske machen.«

Die Kinder notieren ihre Tätigkeiten auf dem Plan, um einen bewußteren Umgang mit der »Freizeit« zu fördern und dem Lehrer einen Überblick zu ermöglichen.

Interessante Vorschläge von Kinderseite können auch als Angebot in den nächsten WP aufgenommen werden, vgl. z.B. Beispielplan 1 im Anhang.

2. Erweiterungs- und Zusatzaufgaben zur Wahl

Im Wochenplan können Zusatzaufgaben gestellt werden, die als Ergänzung oder Weiterführung anderer Aufgaben oder Unterrichtsthemen konzipiert sind. Sie können als attraktive Aufgaben mit Herausforderungscharakter gedacht sein (»Gehirn-Jogging«) oder als zusätzliche Übung zu bestimmten Lernbereichen. Je nach inhaltlicher Zielsetzung mag es richtig sein, solche Aufgaben als Wahlpflicht- oder als ganz freiwillige Aufgaben zu stellen.

3. Offen gehaltene Aufträge

Pflichtaufgaben können ebenso wie freiwillige Zusatzaufgaben auch als offengehaltene Arbeitsaufträge gestaltet werden, welche die Kinder im einzelnen zu konkretisieren haben; z.B. »Arbeite mit einem Partner an einer unserer Übungskarteien und bereite Dich so auf das Testdiktat am Samstag vor« oder: »Suche Dir ein Lesestück und bereite Dich auf das Vorlesen am Freitag vor.«

Aufträge dieser Art erfordern bereits etwas fortgeschrittene Arbeitstechniken und eine entsprechende Materialausstattung des Klassenzimmers. Mit dieser WP-Strategie können jene Teile von Lernprozessen, die oben als Üben, Anwenden und Verallgemeinern umschrieben wurden, sehr effektiv differenziert werden. Jedes Kind arbeitet gezielt in dem Bereich, wo noch Übungsbedarf besteht.

4. Selbsttätige Fortführung von Unterrichtseinheiten

Wenn Kinder von einer Unterrichtsstunde oder- einheit besonders angesprochen wurden oder etwas »Unerledigtes« aus jener Stunde mitgenommen haben, bestimmten Fragen oder Arbeiten noch weiter nachgehen wollen, dann bietet dafür die tägliche WP-Stunde einen idealen Freiraum. Besonders günstig kann es sein, wenn die Kinder diese ihre Idee veröffentlichen und so andere zum Mitmachen animieren.

5. Wünsche der Kinder aufgreifen

Ein WP kann vorsehen, daß die Kinder sich eine Wunschaufgabe für die folgende Woche überlegen und notieren. Beim Abschlußgespräch zum Wochenende werden die Ideen kurz vorgestellt, und eine gemeinsame Entscheidung wird getroffen, welche Idee in den folgenden verbindlichen Plan übernommen wird. Von dieser Möglichkeit, an der Plangestaltung mitzuwirken, waren die meisten Kinder sehr angetan.

Im WP-Unterricht hat der Lehrer mehr Gelegenheit, »nebenbei«, aus Gesprächen der Kinder zu entnehmen, was im Moment von besonderem Interesse für sie ist. Wenn ein solches Thema dann plötzlich im WP auftaucht, kann das sehr motivierend wirken.

6. Unterrichtsprojekte im WP-Unterricht

Die Beispielpläne 1–4 im Anhang enthalten eine Folge von Arbeitsaufträgen, teils offenen, teils recht detaillierten, zu einem Themenkomplex des Sachunterrichts. Sie leiten die Kinder zu diversen Erkundungen über das Wasser an. In vor- und nachbereitenden Unterrichtsgesprächen wurden die Kinder dazu angeregt, ihre Ergebnisse zu vergleichen, kritisch zu prüfen sowie neue Fragestellungen für Erkundung, Experiment usw. aufzuwerfen. Entsprechende Aufgaben flossen dann in den nächsten Wochenplan ein; z. T. waren diese einheitlich für alle, teilweise gingen die Kinder auch speziellen Fragen nach. Manchmal gerieten sie in Sackgassen, manchmal ergaben sich daraus aber Anstöße für Problemstellungen, die alle interessierten. Auf diese Weise kann die inhaltliche WP-Planung unter direkter Beteiligung der Kinder an den Fortgang eines Unterrichtsprojektes angebunden werden.

Die Materialfrage Es erhebt sich abschließend die Frage: Woher nimmt man Zeit und Geld für die Beschaffung der vielen benötigten Materialien? Dazu einige Stichsätze:

1. Unökonomisches Einzelkämpfertum überwinden und mit einem Kollegen gemeinsam WP machen; Verbesserung des Ideen- und Materialaustauschs in der Schule!
2. Es kann sich lohnen, einmal systematisch zusammenzustellen, welche Materialien in der Schule wirklich vorhanden sind. In manchem nie geöffneten Schrank finden sich mitunter wundersame Dinge.
3. Bei den Beratungen über den Schuletat gezielt Wünsche anmelden!
4. Ein Teil der Gelder für Lernmittel (nach den jeweiligen Bestimmungen über Lernmittelfreiheit) kann auch für die Ausstattung der Klassenzimmer verwendet werden. Darüber gibt es in den betreffenden Bundesländern detaillierte Vorschriften.
5. Eltern, Betriebe, Handwerker, Händler, Trödler u.a. haben manchmal etwas zu verschenken oder zu spenden.
6. Wenn es gelingt, die Unterrichtsgestaltung allgemein und die WP-Planung im besonderen im ständigen Dialog mit den Kindern an deren Möglichkeiten und Interessen zu orientieren und so eine Mitverantwortung der Klasse für den Unterricht zu stiften, dann werden die Kinder zu den eifrigsten Materialbeschaffern.

   Beispiel 1: Manche Kinder lieben es, in Schönschrift Karten für Aufgabenkarteien zu schreiben. Mit solchen Materialien identifizieren sich die Kinder mehr als mit industriell gefertigten.

   Beispiel 2: Ein Kind erzählt: »Gestern habe ich einen Wecker fallen gelassen. Erst hat mein Papa geschimpft. Dann habe ich gesehen, daß da lauter kleine Rädchen drin sind ...« Im WP-Unterricht der nächsten Woche wimmelte es in der Klasse von Weckern und kleinen Rädchen. Die Theorien der Kinder darüber, wie denn so ein Ding die Zeit anzeigen könne, waren z.T. sehr amüsant ... Für Materialbeschaffung hat der Lehrer nichts zu tun brauchen.
7. Die Einführung des WP ist in der ersten Zeit mit Mehrarbeit verbunden. Also nicht dann beginnen, wenn ohnehin alle Kräfte gebunden sind. Für die Mehrarbeit werden Sie recht bald belohnt: WP-Unterricht macht Spaß und entkrampft die Schulatmosphäre, ist also gut für strapazierte Nerven. Mit der Routine und der Beteiligung der Kinder an derUnterrichtsgestaltung sinkt der anfängliche Mehraufwand wieder auf ein normales Niveau.

Wenn Ihr Klassenzimmer groß genug ist, können Sie mit der Zeit vielleicht Tätigkeitsbereiche (-ecken) einrichten: Leseecke; Bastel-, Bau- und Handarbeitsecke; Ecke für naturwissenschaftliches Experimentieren usw. *Aktivitätsecken*

Alte Teppiche eignen sich gut zur Schalldämpfung bei relativ lauten Aktivitäten wie z. B. dem Bauen mit Bausteinen. Regale zum Aufbewahren des Materials sind gute Raumteiler. So können Nischen zum Sichzurückziehen entstehen.

E. Innere Differenzierung und WP

An verschiedenen Stellen ist bereits auf Möglichkeiten zur inneren Differenzierung im WP-Unterricht hingewiesen worden. Sie sollen hier noch einmal zusammengetragen werden. Einige weitere kommen hinzu. Als das Ziel innerer Differenzierung betrachten wir hier: der Unterricht soll so strukturiert sein, daß er den je unterschiedlichen Lernvoraussetzungen der Kinder einer Klasse angemessen ist.

Das Differenzierungsproblem kann hier nicht inhaltlich behandelt werden, d.h. wir können nichts zum Problem sagen, wie Aufgaben inhaltlich differenziert werden können bzw. sollten. Wir wollen einige mehr formale Möglichkeiten darstellen, die sich aus der Organisationsstruktur des WP ergeben. Allerdings ist unserer Ansicht nach innere Differenzierung im WP leichter möglich (für Lehrer und Kinder) als in manch anderen Unterrichtsorganisationsformen.[1]

1. Differenzierung bei einheitlichem Plan

Differenzierung bei einheitlichem Plan – das klingt zunächst paradox, ist es aber nicht.

Differenzierung der Lehrerhilfen

Zum einen besteht die Möglichkeit, daß der Lehrer seine Tätigkeit im Unterricht nicht gleichmäßig auf alle Kinder richtet, sondern sein Handeln differenziert nach jeweils beobachteten Schwierigkeiten der Kinder (vgl. Kapitel B, 3.1. und 3.2.)

[1] Ausführlicher und weniger formal haben zwei Mitglieder der Projektgruppe zum Problem der inneren Differenzierung einen Beitrag geliefert: Klafki, W.; Stöcker, H.: Innere Differenzierung des Unterrichts. in: Zeitschrift für Pädagogik 1976, S. 497–523. Jetzt in: W. Klafki: Neue Studien zur Bildungstheorie und Didaktik. Weinheim 1985, S. 119–154

Die Kinder können sich die Hilfen holen, die sie brauchen, vom Lehrer, von Mitschülern, aus Medien. Diese jeweils notwendigen Hilfen sind nicht bei allen gleich. Die Kinder können sich (in Grenzen) die Zeit nehmen, die sie für eine Aufgabe brauchen.

Innere Differenzierung durch die Kinder

Unter bestimmten Voraussetzungen können Kinder ihre Schwächen bei relativ einfachen Lernleistungen (z.B. Rechtschreibfehler, Einmaleins) selbst erkennen und entsprechende Übungen durchführen:
»Suche dir das Einmaleins, bei dem du noch unsicher bist. Übe es mit einem Partner.«

Offene Aufgaben

Andere offene Aufgaben geben den Kindern Gelegenheit, ihren subjektiven Interessen nachzugehen:
»Suche dir ein Lesestück deiner Wahl. Bereite es gut vor, für das Vorlesen am Freitag oder Samstag.«

2. Differenzierung durch eigene Planung der Kinder

Wenn Kinder selbst die Planung von Lerntätigkeiten übernehmen (vgl. Kapitel D), differenzieren sich ebenfalls die Lernprozesse. Im günstigsten Fall entsteht eine »bessere Planung« zwischen jeweiligen Lernvoraussetzungen und Aufgabe.

3. Differenzierung durch Differenzierung des Plans

In dieser Richtung gibt es verschiedene Möglichkeiten:

Bei freiwilligen Zusatzaufgaben zur Wahl kommen eher die jeweiligen Vorlieben und subjektiven Interessen der Kinder zum Zuge als eine vom Lehrer gesteuerte Differenzierung. Im günstigsten Fall wählen die Kinder die für sie geeignete Aufgabe.

Freiwillige Erweiterungsaufgaben

Zu einem Lernbereich werden verschiedene Aufgaben gestellt, aus denen gewählt werden muß.

Alternative Aufgaben zur Wahl

Die Aufgaben können sich im *Inhalt* unterscheiden (z.B. bei Lesestücken). Dann können Kinder nach ihren Interessen wählen.

Sie können im *Schwierigkeitsgrad* gestuft sein. Im günstigsten Fall suchen sich die Kinder die Aufgabe aus, die ihren Fähigkeiten angemessen ist.

Verschiedene Aufgaben für Gruppen

Ein Plan kann ganz oder in Teilen für verschiedene Gruppen von Kindern unterschiedlich sein.

In einem WP hieß es: »*Übe das Lesestück deiner Gruppe.*« In der Klasse gab es Lesegruppen, die in einer Woche Texte unterschiedlicher Schwierigkeit üben sollten.

Individualisierung des Planes

Bei Kindern mit besonderen Lernbedürfnissen, z.B. Hoch- oder Minderbegabten oder Behinderten, kann es sinnvoll sein, den WP ganz oder teilweise auf das jeweilige Kind abzustimmen.

F. Wenn Ihnen das Ganze zu riskant erscheint: Vorstufen zum WP

Nachdem Sie sich nun ein Bild vom WP-Konzept verschafft haben, denken Sie vielleicht:
»Das ist ja alles gut und schön, aber ich bin mit meiner Klasse nicht soweit, daß das klappen könnte. Auf einen Schlag kann ich meinen Unterricht nicht so weitgehend verändern.«

In Abschnitt B.2.2. wurde bereits einiges dazu gesagt, wie Sie die Kinder und sich selber auf die Einführung des WP vorbereiten können. Vielleicht lesen Sie zunächst nochmal nach, was dort steht.

Es sind verschiedene Vorformen des WP möglich, die Ihnen und den Kindern Gelegenheit geben, sich allmählich in eine veränderte Unterrichtsorganisation einzuarbeiten, mit ihr vertraut zu werden und dann erst einen Schritt weiterzugehen. Im folgenden werden einige Vorformen genannt, die nicht als Reihenfolge zu verstehen sind, eher als Vorschläge für einen Einstieg in die Veränderung, der Ihnen und Ihrer Klasse angemessen sein könnte:

1. *Mit einem Lernbereich* anfangen, am besten mit dem, für den Sie Ihre Qualifikation am höchsten einschätzen;
2. *Nicht jeden Tag* WP-Stunden einplanen, sondern nur für einen Teil der Woche, z.B. je eine Stunde an drei Tagen oder je zwei Stunden an zwei Tagen. Die Zahl der Unterrichtsstunden, die für WP eingeplant wurden, schwankte bei uns zwischen 3 und 10.
3. *Tagespläne:* Täglich wird zu Unterrichtsbeginn an die Tafel geschrieben und erläutert, was die Kinder in den Unterrichtsstunden eines Tages zu erwarten haben. Es folgt ein kurzes Gespräch mit Rückfragen und Vorschlägen zu diesem Plan. Einen Teil der Zeit (z.B. eine Stunde) sehen Sie für selbständige Arbeit der Kinder vor, in der vorher Gelerntes zu üben oder anzuwenden ist; Zeit und Anforderungen sind eventuell so bemessen, daß den Kindern Zeit bleibt, eigene Planungen zu verwirklichen (vgl. Kapitel D). Ein Tagesplan an der Tafel könnte dann etwa so aussehen:

8.00 bis 8.45 Uhr

   1. Einführung des Einmaleins mit 7.

   2. Schwer und leicht – wie man wiegt.

8.50 bis 9.30 Uhr

9.45 bis 10.30 Uhr

Freie Arbeitszeit

   1. Rechenbuch S. 42 Aufgaben 1–3 oder

   2. Arbeitsblatt X Schätzen und Wiegen von Gewichten

   3. Zusatzangebote:

     Rechenkarten 1X1

     Rechentrainer

     Strategiespiele

     Experimente mit der Balkenwaage

10.30 bis 11.15 Uhr

Musik

   1. Ein neues Lied

   2. Einen Rhythmus erfinden.

G. Wochenplanunterricht im 1. Schuljahr – unmöglich?

Problemstellung

Spontan werden Sie auf diese Frage vielleicht antworten: »Ja, unmöglich! Die Kinder können noch nicht lesen, können den Zeitraum einer Woche noch nicht überblicken und selbständig einteilen, brauchen Anleitung und Betreuung, beherrschen erforderliche Arbeitstechniken nicht, usw.«

Diese Argumente sind alle richtig, nur lassen sich aus ihnen unterschiedliche Konsequenzen ziehen:

Man konfrontiert die Kinder erst mit schriftlichen Arbeitsanweisungen, wenn sie richtig lesen können –	oder	man nutzt schriftliche Arbeitsanweisungen gerade für den Leselernprozeß.
Man hält die Zeiträume, welche die Kinder selber einteilen müssen, klein oder nimmt ihnen diese Einteilung ab –	oder	man erweitert schrittweise die Zeiträume und hilft den Kindern bei der Einteilung.
Man hält die Kinder in Abhängigkeit von direkter Anleitung und Kontrolle, in dem man ihnen immer wieder bis ins Detail vorgibt, was sie wie zu tun haben. Der Anspruch an sie selber, etwas herauszufinden, wird klein gehalten –	oder	man versucht den ganzen Unterricht darauf auszurichten, daß die K. lernen, eigenständiger und kooperativ an Aufgabenstellungen heranzugehen und so auch zu lernen, wie bisheriges Wissen zur Lösung neuer Aufgaben eingesetzt werden kann.

Allgemeine Schritte und Prinzipien der WP-Einführung im 1. Schuljahr

Vom 1. Schultag an kann der Lehrer den Kindern erfahrbar machen, daß es um *ihre* Lernfortschritte gehen soll, für die sie selbst ein Stück mitverantwortlich sind und die ihr Engagement erfordern.

An einem konkreten Beispiel:

Wenn es etwa darum geht, im Leselehrgang einen Schritt weiterzugehen (z.B. erstmals Buchstaben aus ganzen Wörtern herausgelöst werden sollen), dann macht es einen Unterschied,

ob der Lehrer den Kindern einfach nur sagt: »Ihr sollt aus diesen Wörtern alle Buchstaben heraussuchen, die so aussehen: e«	oder ob der L. den Kindern deutlich (erfahrbar) macht, wozu dies nützlich sein kann, wie sie mit anderen K. kooperieren und wie sie dabei ihr »Köpfchen« einsetzen können.

Wenn die K. z.B. den Auftrag erhalten, aus nicht typisch schulischem Lesematerial (Illustrierte, Comics o.a.) Worte mit dem Buchstaben »e« herauszusuchen, auszuschneiden, das »e« einzukringeln und zu versuchen, vielleicht die Bedeutung des Worts zu entschlüsseln, dann kann dies einen mehrfachen, guten Effekt haben:

Die Kinder sind sich bewußt, mit dem Lesematerial von Erwachsenen umzugehen und dieses ein Stück weit zu meistern; die Ernsthaftigkeit der schulischen Aktivitäten wird unterstrichen, ein freudiges Erfolgserleben wird resultieren, wenn es gelingt, ein Wort aus der Erwachsenenzeitschrift zu entschlüsseln, auf einem Blatt aufzukleben und anschließend vorzulesen.

Die Kinder lernen von Anfang an, daß der Buchstabe »e« nicht genauso geformt sein muß, wie er in ihrer Fibel zu finden ist; durch die Formvariationen lernen sie das »Wesentliche« am »e« und werden beweglicher in ihrer Form- und Buchstabenwahrnehmung.

Manchmal gelingt es den K. zunächst nicht, das »e« zu isolieren, es werden andere Buchstaben mit eingekringelt. Der L. könnte nun einfach die K. auf diesen Fehler hinweisen: »Dieser Buchstabe gehört nicht dazu.« Er könnte aber auch an eine kleine Gruppe den Anschlußauftrag geben, alle ihre »e«s genau zu vergleichen und darauf zu achten, ob es bei allen wirklich derselbe Buchstabe ist, den sie eingekreist haben.

So wird ihnen ein Stück selbständiger Kontroll- und Gruppenarbeit zugemutet, was als eine gute Vorbereitung für WP-Unterricht anzusehen ist.

Selbststeuerung hat auch eine arbeitsorganisatorische Seite: Wenn der Arbeitsauftrag zu einer Herauslöseübung lautet: »Sucht aus Zeitungen Wörter mit ›L‹ und ›l‹ und klebt sie auf«, dann wird u. a. eine ganze Menge selbständiger Arbeitsorganisation verlangt und trainiert. Die K. müssen Zeitungen beschaffen, geeignete Seiten suchen, Schere und Klebstoff bereitlegen, ein freies Blatt zum Aufkleben im richtigen Hefter finden, dieses lochen und einheften. Einige dieser arbeitstechn. Vorgänge müssen als Vorbereitung bewußt trainiert werden. Es ist etwas anderes, wenn in solchen Situationen die L.-anweisungen lauten: Nehmt Hefter X heraus ... schlagt eine freie Seite auf ... nehmt Eure Schere ... legt Klebstoff bereit usw.

Selbständigkeit der Kinder kann sich nicht entwickeln, wenn den K. alles abgenommen wird und keine schrittweise sich steigernden Ansprüche an sie gestellt werden.

Im Anfangsunterricht ist es durchaus üblich, den Kindern Spielmöglichkeiten zu geben, die an ihre vorschulischen Erfahrungen anknüpfen. Nur: Meist wird dies als etwas eher Nebensächliches betrachtet, das mit den eigentlichen Aufgaben der Schule nicht viel zu tun hat und nach einigen Wochen folglich ausklingt.

Freie Spiel- und Arbeitsphasen

Demgegenüber haben wir versucht, tägliche Freie Spielphasen von zunächst etwa 20 Min. Dauer *weiterzuführen* in Richtung mehr zielorientierten Spielens und Lernens. Vier didaktisch-methodische Maßnahmen wurden dazu hauptsächlich eingesetzt:

1. Ein relativ breites *Angebot* an Materialien, (Lern-)spielen und Büchern wurde in der Klasse bereitgestellt. Die spielerische Auseinandersetzung mit ihnen sollte auch *vorbereitende und ergänzende Lernmöglichkeiten* für die Lehrgänge im Lesen, Schreiben und Rechnen bieten.

Maßnahmen

2. Um die K. nicht durch eine zu große *Angebotsfülle* zu überfordern, wurde dieses Angebot mit wechselnden Schwerpunkten *eingeschränkt*. Symbole an der Stecktafel signalisierten dies den Kindern, z.B.:

bedeutete: heute kann nur

 – gemalt oder

 – Bücher angeschaut oder

○ – geknetet werden.

Weitere sind im Anhang aufgeführt.

3. Auf sich allein gestellt, können manche K. mit solchen Materialien wenig beginnen. Deshalb wurden fast alle vom Lehrer zielgerichtet *eingeführt,* bevor sie in das freie Spielangebot aufgenommen wurden.
Am Beispiel von Knetmasse sei dies illustriert:
a) Nachdem das Material verteilt wurde, kann es zunächst betastet, berochen und schließlich geknetet werden, bis es weich wird. Dabei ergeben sich erste Gestaltungsideen, welche die K. untereinander weitergeben.
b) Bei der Bearbeitung und Gestaltung des Materials werden den K. Schwierigkeiten erfahrbar, die durch gezielte Aufgabenstellungen angegangen werden:
Schlangen verschiedener Dicke und Form herstellen
Kugeln unterschiedlichen Durchmessers
Platten verschiedener Stärke.
c) Die erworbenen Arbeitstechniken werden in Gestaltungen verwendet, die als Idee teils von den K., teils vom L. kommen. Sie sind als Einzelarbeiten oder als Gruppenprojekte möglich.
d) Das Ausstellen und gemeinsame Besprechen besonders gelungener oder origineller Arbeiten kann dazu beitragen, den K. ästhetische und technische Kriterien der Materialbearbeitung erfahrbar zu machen, die für ihre weiteren Vorhaben zu Zielen werden können.
In diesen Einführungen – auch später werden ausgewählte Aspekte der freien Spieltätigkeit daneben gemeinsam analysiert – werden den K. Grundlagen für die selbständige Auseinandersetzung mit den Materialien klar; auf dieser Basis kann es gelingen, Neues zu entdecken, auszuprobieren und hinzuzugewinnen.

4. Die Materialien sind z.T. bezogen auf die klassischen Lernziele der Grundschule:
Wer öfter ein Puzzle zusammensetzt, wird dabei seine visuelle Differenzierungsfähigkeit trainieren, was wiederum für das Lesenlernen eine stützende Funktion haben kann.

Wer mit anderen öfter Memoryspiele macht, wird dabei spielerisch üben, Farben, Formen und Figuren zu unterscheiden und ihre räumliche Lage kurzzeitig im Gedächtnis zu behalten.

Nach geeigneten Vorbereitungen sollten auch bald Aufgaben in diese Arbeits- und Spielphasen aufgenommen werden, die sich *direkter* auf die *Lehrgänge* zum Lesen, Schreiben und Rechnen beziehen, entweder als Angebot oder als verbindliche Anforderung.

Zunächst kann dies den Kindern gesagt und gezeigt werden:

Die Angebote und Anforderungen an die K., mit denen sie bisher vertraut geworden sind und die sie zu nutzen gelernt haben, werden nun in *schriftlicher Form* gegeben. Ein solcher früher WP (nach einem halben Jahr Schule) ist der Beispielplan 10 des Anhangs.

Übergang zum Wochenplan

Einige Erläuterungen dazu:

1. Sie werden vielleicht überrascht sein, was hier von den K. alles verlangt wurde. Es mag nach viel mühsamer Arbeit aussehen. Das war nicht der Fall, zum einen, weil die Kinder nicht gelernt haben, scharfe Unterscheidungen zwischen »Spielen« und »Arbeiten« zu machen, und weil sie Anforderungen des L. nicht als Gegensatz zu *ihren* Wünschen und Interessen auffaßten.

2. Das wird auch daran deutlich, daß in den WP der Klasse Vorschläge der Kinder aufgenommen wurden.
Marko's, Thomas' und Sandra's Ideen wurden von der Lehrerin aufgegriffen. Es scheint einleuchtend, wenn dann die Kinder die WP-Arbeit als ihre Angelegenheit betrachten, für die sie sich mitverantwortlich fühlen.
Das Nennen der Namen im Plan hat einen doppelten Sinn:
Einmal sehen die Kinder sich und ihre inhaltlichen Vorschläge anerkannt, zum anderen wird ein Kooperationsangebot gemacht:
Marko möchte wohl sehr gern das Wortkartenspiel spielen, dann wird es wohl auch Spaß machen, das mit ihm zusammen zu machen.

3. Nach nur 6 Monaten Schule wird nur ein Teil der Kinder in der Lage sein, die *Arbeitsanweisungen* des Plans selbständig zu lesen. Gleichwohl: Sie sind eine sehr wirkungsvolle Herausforderung, es lernen zu wollen; ihr Verständnis ist nämlich der Schlüssel zu interessanten Tätigkeiten. Die Symbole sind dabei eine Hilfe.
Der Prozeßverlauf ist etwa so:
Nach Verteilung wird der Plan gemeinsam gelesen. Nach Notwendigkeit werden Erläuterungen zu einzelnen Aufgaben gegeben. Im

Verlauf der Woche werden die K. z.T. vergessen, welcher Auftrag etwa zum Lesen gehört; das ihnen bekannte Wortkartensymbol weist sie darauf hin, daß es damit etwas zu tun haben muß. Diese Hilfe zum Verständnis des Inhalts mag ausreichen, weitere Lesebemühungen zu motivieren; mitunter können sich die K. untereinander sehr wirkungsvoll bei der Entschlüsselung helfen. Diese Art »funktionalen« Lesenlernens hat sich als sehr wirkungsvolle Ergänzung und Stützung des Leselehrgangs i.e.S. erwiesen.

Der Sinn des Lesenkönnens und das Fortschreiten in dieser Fähigkeit wird direkt erfahrbar.

H. Anmerkungen zur Elternarbeit

Der WP-Unterricht ist im Rahmen der geltenden Bildungspläne durchführbar. Im rechtlichen Sinne handelt es sich nicht um einen Schulversuch; eine offizielle Legitimation durch die Eltern ist also nicht erforderlich.

Legitimation des WP

Gleichwohl empfiehlt es sich, durch gezielte Information Verunsicherung und Verwirrung gar nicht erst aufkommen zu lassen.

Folgende Maßnahmen haben sich bewährt:

— Auf einem Elternabend mit den Eltern einen WP konkret »durchspielen«. Alle Eltern erhalten einen Plan, suchen das Arbeitsmaterial, tun sich evtl. in Paaren oder Gruppen zusammen und bearbeiten – ähnlich wie ihre Kinder – die Aufgaben: Sie kontrollieren, tragen ein, haken ab usw. Anschließend werden die Erfahrungen diskutiert (vgl. Elternarbeitsplan im Anhang S. 104).
— Den Eltern zur Einführung von WP-Arbeit Arbeitsergebnisse und Pläne von Kindern, die schon in diesem Sinne gearbeitet haben, zeigen und Erläuterungen dazu geben.
— Eltern berichten lassen, was ihre Kinder zuhause über WP-Unterricht erzählen; wenn nötig, zusätzliche Informationen geben.
— Auf Wunsch einzelne Eltern in den Unterricht kommen lassen und sie evtl. mit bestimmten Aufträgen einbeziehen.

Anhang I

Beispielpläne und -aufgaben
Literaturhinweise

Beispielpläne 1–4 mit einer Aufgabenfolge zum Sachunterricht,
2. Schuljahr

Wochenplan

3. - 8. Oktober

		kontr.	fertig
A₁	Sachunterricht: Wir beginnen mit einer neuen Unterrichtseinheit, sie handelt vom Wasser. Was Ihr in dieser Woche untersuchen sollt, steht auf A₁		
A₂	Deutsch: Wir schreiben zu Beginn der nächsten Woche ein Diktat. Auf dem Arbeitsblatt 2 steht der Text und auch, wie ihr ihn üben könnt		
A₃	Mathematik: Rechenbuch S. 39 Aufgaben 5, 6, 7. Arbeite auf A₃		
Meike	Angebot: Meike benutzt die Kerzen in unserer Klasse, um Tropfbilder herzustellen. Laßt euch von ihr zeigen, wie sie es macht und versucht es auch.		

Montag	Dienstag	Mittwoch	Donnerstag	Freitag	Samstag

Gruppenarbeit

In Wasser kann man verschiedene Stoffe lösen

Auf der Fensterbank stehen 5 Gläser. Sie sind gefüllt mit Wasser. In jedes Glas habe ich zu dem Wasser <u>einen</u> anderen Stoff gegeben.

Arbeitsaufträge

1. Findet heraus, welchen Stoff ich jeweils dazugegeben habe.

2. Stellt die gleichen Lösungen her. Die Zutaten findet ihr auf der nächsten Fensterbank. Achtung: Es sind auch welche dabei, die ich nicht benutzt habe.

3. Tragt eure Ergebnisse auf diesem Arbeitsblatt ein.

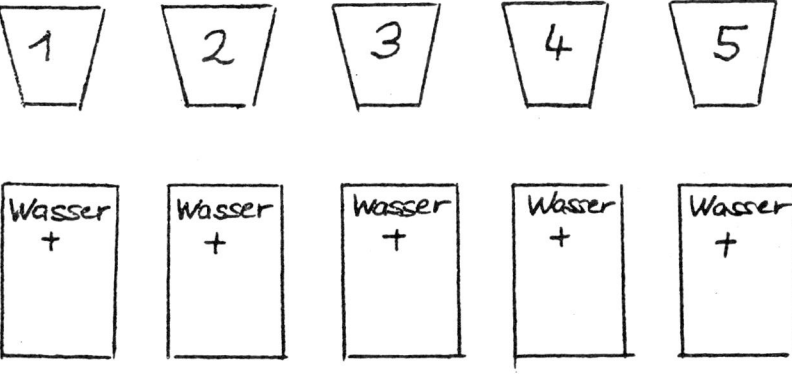

Beispielplan 2

Name: _____

Wochenplan
10. – 15. Oktober

		kontr.	fertig
LÜK	Rechnen: LÜK (Zahlenraum 10 – 100) Seite 5 oben (2 Aufgaben)		
A 1	Sachunterricht: Wir stellen wohlschmecken= de Getränke aus Wasser und anderen Zutaten nach freier Wahl her. Lest vorher A 1 durch.		
Lese-kartei	Deutsch: Suche dir eine Geschichte aus der Lesekartei aus und übe sie. Am nächsten Montag ist Lesestunde		
Sandra, Marko	Angebot: Wer Krokodile aus Eierkartons basteln will, kann zu uns kommen. Sandra, Marko		

Montag	Dienstag	Mittwoch	Donnerstag	Freitag	Samstag

Wir stellen Pausengetränke her

Aus Wasser und den vorhandenen Zutaten
könnt ihr wohlschmeckende Getränke
herstellen.
An jedem Tag dieser Woche soll eine
Gruppe für die ganze Klasse ein
Pausengetränk zubereiten.
Fangt mit einer kleinen Probe an und
merkt euch, was ihr hineingetan habt.
Wenn es gut schmeckt, stellt 2 Kannen
voll davon her.
Macht zuerst aus, welche Gruppe beginnt.

Tragt euer Rezept auf dem Arbeitsblatt
ein.

In der nächsten Woche besprechen
wir die Rezepte und tragen auch
die Rezepte der anderen Gruppen ein.

Rezepte:

Gruppe 1: Wasser +

Gruppe 2: Wasser +

Gruppe 3: Wasser +

Gruppe 4: Wasser +

Name: Sandra

Wochenplan

17. – 22. Oktober

		fertig	kontrolliert
1.	**Rechnen:** Rechenbuch Seite 21 Aufgabe 9	✗	✗
2.	**Lesen:** A $_1$ Suche den passenden Text zu der Bildgeschichte auf A $_1$.	✗	✗
3.	**Sachunterricht:** A $_2$ Wir wollen feststellen, in welchen von den Nahrungsmitteln, die im Klassenraum vorhanden sind, Wasser enthalten ist.	✗	✗
4.	**Schreiben:** Schreibarbeitsheft Seite 36 +37	✗	✗

Montag den 17. Okt	Dienstag den 18. Okt.	Mittwoch den 19. Okt.	Donnerstag den 20. Okt	Freitag den 21. Okt	Samstag den 21. Okt.

Sachunterricht : Wasser

<u>Behauptung:</u> Wir nehmen nicht nur beim Trinken Wasser zu uns, auch feste Nahrungsmittel enthalten Wasser.

Prüfe diese Behauptung bei folgenden Nahrungsmitteln nach:

Quark , Kartoffeln , Brot , Karotten

Jede Gruppe übernimmt <u>ein</u> Nahrungsmittel

<u>Arbeitsschritte</u>

1. Besprecht in eurer Gruppe, was ihr tun wollt, um festzustellen, ob in eurem Nahrungs- mittel Wasser enthalten ist.

2. Tut, was ihr euch überlegt habt.

3. Tragt in die Tabelle ein, was ihr heraus- gefunden habt. (Auch die Ergebnisse der anderen Gruppen).

Nahrungsmittel	enthält Wasser	enthält kein Wasser
Quark	X	
Kartoffeln	X	
Brot	X	
Karotten	X	

In der nächsten Woche besprechen wir eure Versuche.

Name: Sandra

Wochenplan
31. 10. — 4. 11.

		fertig	kontrolliert
1.	**Lesen:** Lies die Rätsel auf A₁ und kreuze die richtige Antwort an. A₁	X	X
2.	**Rechnen:** Rechenbuch Seite 24 Aufgaben 2 + 3.	X	X
3.	**Sachunterricht:** Bring Blumen aus eurem Garten mit, stelle ein paar davon in ein Glas mit Wasser und zeichne an, wie hoch das Wasser steht. Die anderen stelle in eine Vase ohne Wasser. Beobachte, was passiert! A₂		
4.	**Ich berichte von mir:** Auf dem Arbeitsblatt 3 kannst Du aufmalen und aufkleben -aus Jllustrierten und Katalogen -, was Du gut findest. Auf der Rückseite von A₃ findest Du als Beispiel den Bericht eines anderen Kindes. A₃		

Montag den 31. Oktober	Dienstag den 1. Nov.	Mittwoch den 2. Vor.	Donnerstag den 3. Nov.	Freitag den 4. Nov.	Samstag den 5. Nov.
X	X	X	X	X	X

Sachunterricht : Wasser

1. Blumen in einem Glas mit Wasser

Was geschieht mit dem
Wasserstand ? 10cm Dienstag
17 cm Freitag

Nach wie viel Tagen verwelken
die Blumen? nach 1 Woche

---

2. Blumen in einem Glas ohne Wasser

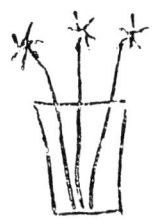

Nach wie viel Tagen verwelken
die Blumen? nach 3 Tagen

Blumen sind Lebewesen. Sie brauchen
Wasser. Weißt Du etwas darüber, wie
das bei Menschen und Tieren ist? Versuche
Dich zu informieren. Wir sprechen zu Beginn
der nächsten Woche darüber.

Name: _____

Wochenplan

vom 26.3.74 – 1.4.74

		Hilf mir!	kontrolliert	fertig!
A Mathematik				
1) Arbeitsblatt M_6				
2) Arbeitsblatt M_7 , Teil A				
3) Arbeitsblatt Geo_1				
4) Suche aus G_1 (rot), G_2 (blau) und G_3 (grün) folgende Figuren heraus und sortiere sie auf die gelbe Pappe : Trapez, Raute, Parallelogramm ! Kontrolliere gemeinsam mit deinem Partner !				
Zusatzaufgabe : Arbeitsblatt M_7 , Teil B				
B Sachkunde				
1) Sieh dir die Blumen in den Gärten an!				
2) Erkundige dich nach den Namen!				
3) Merke dir die Farben!				
4) Arbeitsblatt Sk_1				
Zusatzaufgabe: Erkundige dich, wie die Blumen unter der Erde aussehen!				
C Deutsch				
1) Schreiben Suche dir einen Partner und diktiert euch die Wörter, ABC-Duden S. 8 und S. 10 ! Kontrolliert gemeinsam ! 7)				
Zusatzaufgabe: Schreibe das Gedicht, TP S. 55, 5) auf ein großes Blatt und schmücke es!				
2) Lesen TP S. 56				

25.3.74	27.3.74	28.3.74	29.3.74	1.4.74
März 26	März 27	März 28	März 29	April 1
Dienstag	Mittwoch	Donnerstag	Freitag	Montag

Bo – Ed – Kl – Ri

98

5. Wochenplan vom 15.3.76 – 30.3.76

		Material	kontrol-liert	fertig (Datum
Rechnen	1.) Arbeitsblatt R_5	—		
	2.) Fülle eine Rechenplatte aus	Heinevetters Rechentrainer		
	3.) Laß dir von deinem Part=ner 5 Einmaleinsaufg. sagen	—		
Deutsch	1.) Arbeitsblatt J_5			
	2. Lies das Gedicht TP2 S. 105 und lerne es auswendig.			
Sachun= terricht	1.) Arbeitsblatt A_5			
	2.) Suche im Lexikon das Wort „Deich". Merke dir was dort steht.			
Spielen	Setze ein Puzzle zusammen.			
Zusatz= aufgabe	Schreibe das Gedicht TP2 S. 114 ab und schmücke das Blatt.	Din - A-4 Blatt		

Montag	Mittwoch	Donnerstag	Samstag
15	17	18	20
März	März	März	März

Beispielplan 7 von O. Henke. 4. Schuljahr
Arbeitsblatt zum Sachunterricht in Kap. C.5 wiedergegeben.

Name:

Wochenplan vom 23. – 27.2.

Nr.		hilf mir	kontrol- liert	fer- tig am.
1.	Sachunterricht: Bearbeite das Arbeits- blatt "Katastrophische Großstädte". — Atlas S. 4/5 (Stadt- pläne). Arbeitsblatt			
2.	Mathematik: Rechne die angegebe- nen Aufgaben auf ein leeres Rechen- blatt aus. Vielzahlen — Rechenbuch S. 73 Nr. 12–17 leeres Arbeitsblatt			
3.	Deutsch: Schreibe den Text sorgfältig auf ein Arbeitsblatt. Suche dir einen Partner, der deine Arbeit nachprüft. — Arbeitstext leeres Blatt des Ring- buches.			
4.	Verkehrserziehung: Lück - Verkehr S. 14, 15 — Lückkasten			
5.	Deutsch: Suche dir einen Mitschüler(in), mit dem du zusammen ein Stück für unsere Stabpuppen schreibst. — Leeres Blatt des Ringbuches			

Mo. 23.2.	Di. 24.2.	Mi. 25.2.	Do. 26.2.	Fr. 27.2.

100

Name: _____

Wochenplan vom 9.3. – 12.3.

			f. Material	zeit	nur Kontrolle	fertig am!
A Deutsch Bestimme auf dem Arbeitsblatt in welchem Fall die Satzteile stehen und unterstreiche sie farbig (wer? – blau, wessen? – wem? – grün, wen oder was? – gelb)			Arbeits= blatt, Bunt= stifte			
B Mathematik Rechne auf S.77 Nr. 10, 11, 12. Zeichne ein Rechenbild dazu.			Mathema= tikbuch, Heft			
C Sachunterricht Trage auf dem Arbeitsblatt "Wind und Wetter" die gemessenen Temperaturen ein (Buch S.63) Beantworte auf der Rückseite des Blattes die Frage: Warum ist es vorteilhaft Heizkörper unterhalb der Fenster anzu= bringen? (Ziehe mit dem Lineal Linien)			Arbeits= blatt, SU Buch			
D Religion Fülle mit Hilfe deiner Vorlagen und des Religionsbuches den Lückentext über Martin Luther aus. Klebe dazu ausgefüllte Blatt in dein Religionsheft.						
9.3.	10.3.	11.3.	12.3.			

Beispielplan 9 für ein 2. Schuljahr mit Aufgaben aus nur einem Arbeitsbereich (Deutsch)

Name: _____

Wochenplan

für den 3. - 7. März

1. Kerstin hatte die Idee, das Gedicht „Was denkt die Maus am Donnerstag" (Lb. S 102) zu singen. Tu Dich mit anderen Kindern zusammen, holt Euch Rhythmusinstrumente und versucht es. Nehmt Euer Lied auf Cassette auf. (Bandnummer eintragen!)

2. Bildergeschichte (A1): Sieh Dir die Bilder an, besprich mit Deiner Gruppe, was vorgefallen ist. Schreibe auf, was Du tun würdest, um den Ball wieder zu bekommen.

3. Rechtschreibung: Übe die neuen GWS - Wörter (R-Kartei 10 und 11). Ich diktiere sie am Freitag.

4. Angebot: Das Gedicht auf A 2 ist zum Lesen, zum Lachen, zum Auswendiglernen. Fällt Dir noch mehr dazu ein?

5. Vorschläge zur freien Arbeit:
   - In der Leseecke lesen
   - Eine Geschichte für unser Buch auf Band sprechen.
   - In "Spielen und Lernen" nach Vorschlägen für den nächsten WP suchen.

Name: ......

Wochenplan

7. – 12. 3.

Lesen: Wortkartenspiel mit 20 Karten. Suche dir einen Partner. (Marko)	gehen zu Auto	✗
Rechnen: LÜK Seite 18		✗
A₁: Bilder vergleichen	A₁	✗
Schreiben: Arbeitsbuch Seite 43 oben Schreibe die richtigen Sätze in dein Heft		✗
Sachunterricht: Untersucht eine von den mitgebrachten Uhren, mit einem oder mehreren Partnern (Thomas)		

Angebot

Uhren aus Papier basteln (Sandra)		

Montag	Dienstag	Mittwoch	Donnerstag	Freitag	Samstag

Beispielplan 11 zur Einführung von Eltern in die WP-Arbeit

A R B E I T S P L A N

zur Einführung von Wochenplanarbeit.

		fertig	kontr.
1	**Deutsch:** (Arbeitsblatt 1) Entschlüsseln Sie den Text und schreiben Sie ihn richtig auf die untere Hälfte des Arbeitsblattes. Sie erfahren kurz und eindrucksvoll, was Kinder und Lehrer brauchen.		
2	**Mathematik:** (Arbeitsblatt 2) Dieses Blatt hat es in sich. Wer sich nicht ganz verausgaben will, hat genug geleistet, wenn er zwei Aufgaben gelöst hat.		
3	(Briefumschläge, Klarsichtfolie) **Sachunterricht:** Wichtige Informationen fallen einem nicht in den Schoß, harte Arbeit steht Ihnen bevor! Um die Informationen von allen Seiten auswerten zu können, benötigen Sie die bereitliegende Klarsichtfolie. Mehr wird nicht verraten. Wer es gar nicht herausbekommt, kann einen heimlichen Blick auf das Kontrollblatt werfen		
4	**Angebot:** (Arbeitsblatt 3) Für Unersättliche ist das Kreuzworträtsel		
5	**Freie Arbeit:** Wer noch Zeit hat, oder keine Lust mehr zum Arbeiten, kann in die Leseecke gehen und schmökern.		

Ein Kind muß akzeptiert, respektiert und geliebt werden,
man soll ihm vertrauen, es ermutigen, unterstützen, anregen
und unterhalten, es muß in der Lage sein zu forschen, zu
experimentieren und etwas zu leisten.

Verdammt! Es braucht zuviel!
Alles was ich brauche ist:

Salomons Weisheit, Freuds Einsicht, Einsteins Wissen und
Florence Nightingales Einsatzbereitschaft.

Mathematik

1. Eine Sekretärin schreibt vier verschiedene Briefe und die dazugehörigen Umschläge. Sie steckt die Briefe, ohne auf die Anschrift zu schauen, in die Umschläge. Wie hoch ist die Wahrscheinlichkeit, daß sie drei Briefe richtig eingesteckt hat?

   Antwort:

2. Ein Bauer vererbt seinen vier Söhnen ein großes Stück Land. Er stellt die Bedingung, daß dieses Stück Land in vier gleich große Teile aufgeteilt wird, zusätzlich verlangt er, daß die vier Teile auch die gleiche Form haben. Das Stück Land, das aufgeteilt werden soll, sieht so aus:

   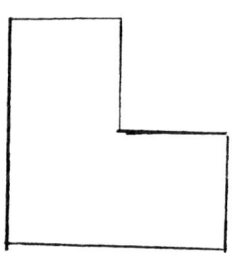

   Zeichnen Sie die Aufteilung ein.

3. In einem verdunkelten Raum liegen 2o weiße und 2o schwarze Socken. Wieviele Socken (die ich nicht sehen, nur fühlen kann) muß ich mindestens nehmen, um ein Paar der gleichen Farbe zu haben?

   Antwort:

4. Vor mir stehen 1o Säcke mit jeweils 1oo Kugeln. In neun Säcken wiegen die Kugeln je 1o g, in einem Sack wiegen die Kugeln 11 g. Wie kann ich durch eine Wägung feststellen, in welchem Sack die Kugeln sind, die 11 g wiegen?

   Antwort:

Wie sieht Wochenplan-Unterricht aus?

Wochenplan-(WP-)Unterricht ist fächerübergreifend. Er umfaßt im allgemeinen durchschnittlich eine Unterrichtsstunde pro Tag.
Zu Beginn der Woche erhalten die Schüler einen Plan. Dieser WP enthält eine Reihe verbindlicher Aufgaben, die sich auf den gerade behandelten bzw. zu behandelnden Unterrichtsstoff der in den WP-Unterricht einbezogenen Fächer beziehen. Darüber hinaus kann der WP wahlfreie Aufgaben enthalten. Zusammen mit dem WP werden die nötigen Arbeitsmaterialien bereitgestellt und Kontrollblätter ausgehängt.
Innerhalb der für die WP-Arbeit vorgesehenen Unterrichtszeit
- sollen die Schüler die Pflichtaufgaben des WP erledigen und ihre Ergebnisse selbst kontrollieren,
- können die Schüler gegebenenfalls Zusatzaufgaben erledigen,
- können die Schüler sich je nach Motivation, verfügbarer Zeit und räumlich-materieller Ausstattung der Klasse - wahlfreien Tätigkeiten (lesen, spielen, Geschichten auf Tonband sprechen, Beschäftigung mit Selbstbildungsmaterialien, basteln ...) widmen.
Die Schüler entscheiden selbst,
- wann sie was in welcher Reihenfolge tun wollen,
- wo und mit wem sie arbeiten, spielen, sich beschäftigen wollen,
- ob und gegebenenfalls welche Hilfen sie von wem (Mitschüler, Lehrer, Nachschlagewerk) in Anspruch nehmen wollen.

Merkmale der Wochenplanarbeit

Die wichtigsten Merkmale des WP-Unterrichts:

1. Selbsttätigkeit der Schüler wird herausgefordert, ermöglicht und entwickelt. Langfristig können die Schüler sogar an der Formulierung von WP-Aufgaben und Erstellung von Arbeitsunterlagen beteiligt werden.
2. Die Entscheidungsfähigkeit der Schüler wird gestärkt; die positiven Rückwirkungen auf Motivation und Arbeitsweise der Schüler sind erheblich.
3. Kooperationsfähigkeit wird angebahnt und gefördert. Partner- und Gruppenarbeit, Tutorenbeziehungen und Spielgemeinschaften entstehen aus den Aufgabenstellungen und den damit verbundenen persönlichen Bedürfnissen jedes einzelnen. Konflikte werden nicht zwangsläufig unterbunden, sondern können ausgetragen werden: angemessene Konfliktregelungsmuster können erworben und eingeübt werden.
4. Hilfe und Zuwendung kann der Lehrer den jeweiligen Bedürfnissen des einzelnen Schülers anpassen. Während selbständige und leistungsstarke Schüler keine für sie überflüssigen und langweiligen Erklärungen über sich ergehen zu lassen brauchen, ist bei einem dem Stand der jeweiligen Klasse angemessenen WP genügend Zeit, um jedem anderen Schüler nötige Hilfen, Denkanstöße, Hinweise, intensive Anleitung und gegebenenfalls emotionalen Zuspruch zuteil werden zu lassen. Die Schüler haben dabei die Chance, ihre Bedürfnisse zu artikulieren; der Lehrer hat die Chance, sich pädagogisch zu verhalten.
5. Durch Selbstkontrolle und aufgabenbezogene Kommunikation mit Mitschülern und Lehrer werden die Schüler sicherer in ihrer Selbsteinschätzung. Der Lehrer kann die Leistungsentwicklung der verschiedenen Schüler unter Verzicht auf angstauslösende Überprüfungsverfahren beobachten. Zensuren können eine weniger repressive Rolle spielen.

Marei Mangelsdorf
(Auszug aus einem Artikel aus einer Fachzeitschrift)

Anmerkung: Dieses Blatt wird zerschnitten und als Puzzle in einem Briefumschlag dem Material beigefügt

Schwedenrätsel (Kreuzworträtsel):

Schrift-wechsel	Leiter d. Parlam.-Minder-heit	Schiffs-eigner	▼	Laub-baum	Baum-schaft	▼	belg. Kurort	▼	süd-amerik. Gebirge	Vater und Mutter	unge-braucht	altes Ge-schirr-teil
Natio-nalspiel der Basken						Men-schen-rasse		rumän. Münzen				
dt. Ad-miral i. 1.Welt-krieg		tier. Milch-drüse		röm. Meer-gott		dt. Nord-see-hafen		Auto-raum		griech. Göttin		
Impf-stoff				Rücken-stütze		Ge-birgs-kamm						
		Spiel-leitung	d.östl. Mittel-meer-länder									
engl. Anrede	dt. Kompo-nist +					Augen-blick		Abk. f. Hekto-liter				
			Herbst-blume		Näh-gerät							
Nage-tier	mittel-ital. Adria-fluß	Gewand						Zeichen für Neon				
Fluß zur Oder					polit. Mord-an-schlag	männl. Schwein						
		elektr. Energie	Verwal-ter e. Stiftung									
Rauch-fang	Schaum-wein											
Fluß zur Saale												
	Liebes-beweis	Skat-aus-druck										
männl. Vor-name	islam. heilig. Buch											
Zimmer		japan. Brett-spiel										
	ind. Provinz											
trop. Ge-treide	Leibes-ertüch-tigung											

Anhang II

**Vorschläge und Anregungen für beispielhafte
Arbeits-, Lern- und Spielmaterialien**

Literaturauswahl Praxishilfen

Das erste Schuljahr
Unterrichtsmodelle
Ute Andresen
Stuttgart (Klett) 1973

Das zweite Schuljahr
Ute Andresen
Weinheim und Basel (Beltz) 2. Auflage 1986

Kinder und ihre natürliche Umwelt
1. Lernjahr (1. Band)
hrsg. von der Arbeitsgruppe für Unterrichtsforschung
Frankfurt (Diesterweg) 1977

Erste Schritte in die Welt der Technik
Carl Schietzel u.a.
Ravensburg (Otto Maier) 1976

Technik im Unterricht der Primarstufe
Heinz Ullrich u.a.
Ravensburg (Otto Maier) 1973

Spiel- und Lernladen für Vorschulkinder
Elke Callies
Stuttgart (Klett) 1977

Heute streicheln wir den Baum
Nancy Hoenisch / Elisabeth Niggemeyer
Ravensburg (Maier) 1981

Zeitschriften
»Grundschule«
»Praxis Grundschule«
Westermann
»Die Grundschulzeitschrift« (Friedrich)

Materialien zum Unterricht vom Hessischen Institut für
Bildungsplanung und Schulentwicklung
Wiesbaden, Bodenstedtstr. 7

Materialien zum Leselehrgang, Sonderreihe Heft 15

Schriftliche Kommunikation 1.–4. Schuljahr, Deutsch Primarstufe
Heft 1

Rechtschreiben-Schriftliche Kommunikation, Arbeit mit dem Grundwortschatz, Primarstufe Heft 8, Deutsch 2

Anregungen zur Erstellung einer eigenen Übungskartei. Arbeit mit dem
Grundwortschatz Primarstufe Heft 13, Deutsch 3

Ein allgemeiner Literaturhinweis, der vielleicht bei der weiteren theo-
retischen Reflexion der WP-Arbeit helfen könnte:

Boettcher, Otto, Sitta, Tymister: Lehrer und Schüler machen Unterricht,
Weinheim und Basel (Beltz) 4. Auflage 1983
(Dieses Buch bietet Anregungen zur Entwicklung des WP in Richtung
projektorientierten Unterrichts)

Materialien für den Unterricht

Spiel- und Bastelmaterial
Knete
Bausteine
Puzzles
Lernspiele
Gesellschaftsspiele
Wachsmalstifte
Papier/Pappe
Klebmaterial

Bücher für die Leseecke
Kinderbücher
Kinderlexika
Schulbücher (Fibeln, Lesebücher, Sachunterrichtsbücher etc.)
Von Kindern selbst hergestellte Bücher
Von Kindern und Lehrern selbst zusammengestellte Geschichten- und
Gedichtesammlungen

Arbeitskarteien
Karteien der Freinet-Kooperative:
– Lesekartei (1. Klasse)
– Rechtschreibkartei 63./4. Klasse
– Mathematik im Alltag
– Schreib los – Bildimpulse für freie Schülertexte
Experimentierkartei: »Natur-be-greifen«
Eigen-Verlag, Dr. Klaus-Hartmut Wiebel, Mozartstr. 28,
7837 Eichstetten

Sonstige Handlungsmaterialien
Freinet-Druckerei
Stempelkästen
Cassettenrecorder
Schreibmaschine
Montessori-Material
LÜK-Lernspiele